PLATON PAR LUI-MÊME

Œuvres de Platon
dans la même collection

GORGIAS *(nouvelle traduction de Monique Canto).*
LETTRES *(nouvelle traduction de Luc Brisson).*
EUTHYDÈME *(nouvelle traduction de Monique Canto).*
ION *(nouvelle traduction de Monique Canto).*
PHÈDRE *(nouvelle traduction de Luc Brisson).*
MÉNON *(nouvelle traduction de Monique Canto).*
PHÉDON *(nouvelle traduction de Monique Dixsaut).*
TIMÉE-CRITIAS *(nouvelle traduction de Luc Brisson).*
SOPHISTE *(nouvelle traduction de Nestor L. Cordero).*
THÉÉTÈTE *(nouvelle traduction de Michel Narcy).*
PARMÉNIDE *(nouvelle traduction de Luc Brisson).*
LE BANQUET — PHÈDRE.
LA RÉPUBLIQUE.
APOLOGIE DE SOCRATE — CRITON — PHÉDON.
SECOND ALCIBIADE — HIPPIAS MINEUR — PREMIER ALCIBIADE — EUTHYPHRON — LACHÈS — CHARMIDE — LYSIS — HIPPIAS MAJEUR — ION.
PROTAGORAS — EUTHYDÈME — GORGIAS — MÉNEXÈNE — MÉNON — CRATYLE.
THÉÉTÈTE — PARMÉNIDE.
SOPHISTE — POLITIQUE — PHILÈBE — TIMÉE — CRITIAS.

PLATON PAR LUI-MÊME

Textes choisis et traduits
par

Louis GUILLERMIT

GF-Flammarion

ISBN : 2-08-070785-X

AVANT-PROPOS

A sa mort en 1982, Louis Guillermit laissait une œuvre importante, inédite. Parmi ces écrits, ce que nous publions aujourd'hui nous paraît d'un grand intérêt. Il s'agit d'un ensemble de textes de Platon, dont le manuscrit était tout prêt. Ce livre aurait dû paraître dans une collection fort connue que l'éditeur arrêta sans préavis.

Louis Guillermit avait entrepris ce travail en collaboration avec son ami Claude Khodoss ; et de nombreux textes furent choisis après une délibération commune. Mais l'ensemble du livre est de Louis Guillermit et tous les textes, re-traduits du grec, l'ont été par ce philosophe qui était aussi un helléniste remarquable.

Le texte se serait sans doute accompagné d'une notice préliminaire et de quelques notes. Mais, tel quel, le projet apparaît dans sa rigueur : Expliquer Platon par Platon, ou, formule qui revient dans la marge de ses cours, « commenter Platon par Platon ».

Mais il ne s'agit pas, pour Louis Guillermit, de se limiter à des morceaux si bien choisis fussent-ils. Le livre présente une tentative d'organisation systématique de la pensée platonicienne, et d'approche progressive de sa complexité. Platon est, pour Louis Guillermit, le Philosophe entre tous, celui à qui l'on doit toujours revenir. Débarrassée de gloses et de commentaires, apparaît l'architecture de la pensée de Platon ; Guillermit a choisi les textes les plus significatifs, autour des problèmes philosophiques qui eux-mêmes s'articulent à l'intérieur du système de Platon. Plonger dans la pensée platonicienne est un tel dépaysement pour les modernes qu'il est bon d'avoir un guide.

L'homme qui est derrière ce livre était à la fois le plus bienveillant des hommes et le plus rigoureux des penseurs. Hors des modes, hors des tendances philosophiques, hors des introductions brillantes et aussitôt vouées à l'écume, ce livre nous présente l'architecture.

On entend parfois, en revanche, quelques philologues prétendre que Platon n'est pas philosophe, qu'il en faut refaire des traductions plus « littéraires », qu'il faut le rendre plus séduisant. La séduction se confond avec la rigueur ; c'est ce que montre la traduction de Louis Guillermit. Il faut dire le plaisir à lire, la joie devant ce texte si difficile et si élégamment restitué. On savait déjà que Louis Guillermit était un grand traducteur, par ses traductions de Kant. Traducteur *et* philosophe. L'un ne va pas sans l'autre. C'est le philosophe qui repère les problèmes et les difficultés sur lesquelles glisse la barque des philologues.

A sa mort, Louis Guillermit a laissé un nombre important de cours rédigés, augmentés tout au long d'un enseignement, en khâgne ou à l'Université, qui a passionné ses élèves. Il faudra un jour aussi que ces cours soient publiés. On comprendra alors que le Platon introduit par Platon ne doit rien au hasard, mais à la méditation permanente des textes platoniciens. On s'apercevra que Louis Guillermit était un des plus grands platonisants de son temps.

Jackie Pigeaud

PUBLICATIONS DE LOUIS GUILLERMIT

Le Sens du destin, 1947. La Baconnière (en collaboration avec J. Vuillemin).

La Liberté, collection Canguilhem, Hachette, 1959, nouv. éd. 1974.

Leibniz : *L'Entendement humain,* « Les Grands Textes », P.U.F., 1961.

Spinoza : *Philosophie et politique,* idem, 1967.

Kant : *Logique,* traduction et notes, Vrin, 1966, nouv. éd. 1970.

Kant : *Les Progrès de la métaphysique,* idem, 1968.

Kant : *Théorie et Pratique, Droit de mentir,* idem, 1967.

Kant : *Première Introduction à la Critique du Jugement, D'un ton grand seigneur... Traité de paix perpétuelle en philosophie,* 1968, rééd. 1975.

Article « Kant » dans l'*Encyclopœdia universalis,* 1972.

Chapitre « Kant » dans le tome V de l'*Histoire de la philosophie* de F. Châtelet, Hachette, 1973.

« Esthétique et Critique », Colloque de Francfort, 1974, in *Sinnlichkeit und Verstand ; herausgegeben von Hans Wagner,* Bouvier Verlag, Bonn, 1976.

La Critique de la raison pratique et les deux autres Critiques, Actes du Congrès d'Ottawa de 1974, Collection Philosophica, 1976.

Le Réalisme de F. H. Jacobi. Publication de l'Université d'Aix-en-Provence, 1982.

L'Élucidation critique du jugement de goût selon Kant, texte établi et présenté par E. Schwartz et J. Vuillemin, Éditions du C.N.R.S., 1986.

PLATON PAR LUI-MÊME

1. « C'est la même chose, ou presque » (Gorgias, 520a).

E. *La science des Formes*

F. La science dialectique

PLATON PAR LUI-MÊME

I. LE DISCOURS PHILOSOPHIQUE

1. LA PHILOSOPHIE EST RÉFRACTAIRE À TOUTE MISE EN FORME DE TRAITÉ ÉCRIT

Il y a au moins une chose que je puis dire au sujet de ceux qui ont écrit ou qui écriront et prétendent avoir compétence dans les matières dont je m'occupe, qu'ils prétendent en avoir été instruits par moi ou par un autre, ou l'avoir trouvé tout seuls : c'est qu'il est impossible, du moins à mon avis, qu'ils y entendent rien. Là-dessus, en tout cas, il n'existe aucun Traité qui soit de ma main et il n'y en aura jamais, car à la différence des autres savoirs, c'en est un qui ne se laisse pas mettre en formules ; il naît de ce que l'on entretient un commerce assidu avec ce qui en est la matière même, de ce que l'on partage sa vie, et il surgit dans l'âme, telle la flamme qui jaillit de l'étincelle, puis croît spontanément. Ce que je sais également c'est que c'est moi qui serais le mieux à même de l'exposer par écrit ou oralement et que c'est moi qui souffrirais le plus de l'imperfection du Traité. Si j'avais été d'avis qu'il pût être écrit et formulé comme il faut pour le public, qu'aurais-je pu réaliser de plus beau dans ma vie que de publier quelque chose d'aussi précieux pour tous et de mettre au grand jour la vraie nature des choses ? Mais je ne pense pas qu'une telle entreprise soit un bien pour l'humanité, si l'on en excepte les rares individus que de simples indications mettent à même de trouver par leurs propres moyens. On ne ferait qu'emplir les autres d'un inconvenant mépris sans fondement ou d'une prétention aussi hautaine que vaine. [...]

Il y a une vraie raison qui s'oppose à ce que l'on ose écrire quoi que ce soit en cette matière, raison que j'ai déjà souvent alléguée ; mais que je crois devoir répéter une nouvelle fois. [...]

Tous les modes de connaissance se mettent à exprimer la qualité aussi bien que l'être de chaque chose au moyen de l'instrument défaillant qu'est le langage. Voilà pourquoi aucun homme sensé ne prendra le risque de lui confier ses pensées, surtout sous la forme figée des caractères écrits. [...] Telle est la raison précise pour laquelle tout homme sérieux, occupé de choses sérieuses, se gardera bien, en écrivant, de laisser tomber de tels sujets dans le domaine public et de les exposer ainsi à la malveillance et aux doutes. Par suite, il faut, en bref, quand on voit des œuvres écrites en forme de lois par un législateur, ou par quiconque sur tel autre sujet, bien se rendre compte de ce qui les caractérise : pour lui, du moins s'il est sérieux, ce n'est pas cela qui est sérieux, mais bien ce qui siège en quelque endroit de ce qui lui appartient de plus beau. Au cas où, au contraire, c'est ce qu'il regarde comme sérieux qu'il a ainsi déposé dans les caractères d'écriture, alors il faut dire de lui : « il a eu l'esprit ravagé » non pas « par les dieux », mais par les mortels.

Lettre VII, 341c-342a
342e-343a
344cd

2. L'IRRÉMÉDIABLE FAIBLESSE DU DISCOURS ÉCRIT

[SOCRATE-PHÈDRE]

— S. Le dieu Teuth, inventeur de l'écriture, dit au roi d'Égypte : « Voici l'invention qui procurera aux

Égyptiens plus de savoir et de mémoire : pour la mémoire et le savoir j'ai trouvé le médicament qu'il faut » — Et le roi répondit : « Dieu très industrieux, autre est l'homme qui se montre capable d'inventer un art, autre celui qui peut discerner la part de dommage et celle d'avantage qu'il procure à ses utilisateurs. Père des caractères de l'écriture, tu es en train, par complaisance, de leur attribuer un pouvoir contraire à celui qu'ils ont. Conduisant ceux qui les connaîtront à négliger d'exercer leur mémoire, c'est l'oubli qu'ils introduiront dans leurs âmes : faisant confiance à l'écrit, c'est du dehors en recourant à des signes étrangers, et non du dedans, par leurs ressources propres, qu'ils se ressouviendront ; ce n'est donc pas pour la mémoire, mais pour le ressouvenir que tu as trouvé un médicament. Et c'est l'apparence et non la réalité du savoir que tu procures à tes disciples, car comme tu leur permets de devenir érudits sans être instruits, ils paraîtront pleins de savoir, alors qu'en réalité ils seront le plus souvent ignorants et d'un commerce insupportable, car ils seront devenus de faux-savants. [...] Ainsi celui qui croit avoir consigné son savoir par écrit tout autant que celui qui le recueille en croyant que de l'écrit naîtront évidence et certitude, sont l'un et l'autre tout pleins de naïveté dans la mesure où ils croient trouver dans les textes écrits autre chose qu'un moyen permettant à celui qui sait de se ressouvenir des choses dont traitent les écrits. — P. C'est très juste. — S. Car ce qu'il y a de redoutable dans l'écriture, c'est qu'elle ressemble vraiment à la peinture : les créations de celle-ci font figure d'êtres vivants, mais qu'on leur pose quelque question, pleines de dignité, elles gardent le silence. Ainsi des textes : on croirait qu'ils s'expriment comme des êtres pensants, mais questionne-t-on, dans l'intention de comprendre, l'un de leurs dires, ils n'indiquent qu'une chose, toujours la même. Une fois écrit, tout discours circule partout, allant indifféremment de gens compétents à d'autres dont il n'est nullement l'affaire, sans savoir à qui il doit s'adresser. Est-il négligé ou maltraité injustement ? il ne peut se passer du secours de son père, car il est incapable de se défendre ni de se secourir lui-même.

Phèdre, 274e-275e

3. DISCOURS MNÉMONIQUE ET DISCOURS DIALECTIQUE

[SOCRATE-PHÈDRE]

— S. Tournons-nous du côté d'un autre discours, frère consanguin du précédent, pour voir comment il prend naissance et à quel point sa belle venue l'emporte en qualité et en vigueur. — P. Quel est-il et comment se développe-t-il selon toi. — S. C'est celui qu'accompagne la science et qui s'écrit dans l'âme de celui qui s'instruit ; celui qui est capable de se défendre tout seul et qui sait devant qui il faut parler et se taire. — P. Tu veux dire le discours de celui qui sait, discours vivant et animé, dont on serait en droit de dire que le discours écrit est le simulacre ? — S. C'est cela même. Mais dis-moi : si un paysan avisé avait des graines qui lui soient précieuses et dont il souhaiterait qu'elles portent fruit, crois-tu qu'il serait sérieux de sa part d'aller les semer en plein été dans les jardins d'Adonis pour le plaisir de les voir fleurir dans les huit jours ? S'il le faisait ne serait-ce pas pour s'amuser à l'occasion d'une fête ? Quant à celles dont il s'occuperait sérieusement, après les avoir semées en terrain convenable selon les règles de l'art agricole, ne se contenterait-il pas de les voir venir à terme en huit mois ? — P. Ainsi ferait-il, Socrate. — S. Celui qui possède la science du juste, du beau et du bien, se peut-il que nous lui accordions moins de bon sens que le paysan n'en montre avec ses graines ? — P. Non certes. — S. Ce n'est donc pas sérieusement qu'il « écrira sur l'eau », l'eau noire de l'encre servant à la plume à semer des discours incapables de parler pour se défendre, incapables d'enseigner suffisamment le vrai. — P. C'est improbable. — S. En effet ! des jardinets en caractères d'écriture, c'est, selon toute apparence pour se divertir qu'il les ensemencera en écrivant. S'il lui arrive d'écrire, mettant en réserve des mémoires, tant à son propre usage, au cas où il parvienne à la vieillesse oublieuse, qu'à celui de quiconque marche sur ses traces, il prendra son plaisir à voir pousser ses délicates cultures ; tandis que d'autres s'adonneront à d'autres divertissements, banquets et réconforts du même genre, lui, au lieu de cela, selon toute apparence, c'est aux jeux que nous avons dit qu'il passera son temps. — P. Jeu merveilleux comparé à la vulgarité de l'autre, Socrate, que celui de l'homme capable de se divertir à des discours, faisant de la justice et des autres valeurs que tu as citées l'objet de ses inventions ! — S. C'est un fait, mon cher Phèdre, mais l'ardeur qu'on y met prend beaucoup plus de prix, si en s'emparant d'une âme qui s'y prête et en usant de l'art dialectique, on y plante et sème des discours que le savoir accompagne, discours capables de secourir aussi bien eux-mêmes que ceux qui les ont plantés, et qui loin d'êtres stériles sont porteurs d'une semence qui en fera naître d'autres en d'autres natures, capables d'en assurer l'immortelle perpétuation et procurant à qui la possède le plus haut bonheur dont un homme soit capable.

Phèdre, 276a-277a

4. PENSÉE ET DISCOURS

[SOCRATE-THÉÉTÈTE]

— S. Appelles-tu : penser, la même chose que moi ? — T. Qu'appelles-tu ainsi ? — S. Un discours que l'âme se tient à elle-même et qu'elle entretient avec elle-même sur les choses qu'il lui arrive d'examiner. A vrai dire ce n'est pas en savant que je t'expose cela, car c'est l'image que je me représente d'une âme qui pense : elle ne fait rien d'autre que de dialoguer avec elle-même, se faisant les demandes et les réponses, affirmant et niant. Quand, après avoir mis plus ou moins de lenteur et de rapidité dans son mouvement, elle a défini son arrêt, supprimé la dualité de son propos pour dire désormais la même chose, c'est là ce que nous désignons comme étant son opinion. De sorte que, pour ma part, j'assimile opiner à discourir et opinion à énonciation, non pas à haute voix et à autrui, mais en silence à soi-même.

Théétète 189e-190a

[L'ÉTRANGER-THÉÉTÈTE]

— É. Ainsi penser et discourir, c'est tout un, à ceci près que ce que nous avons désigné du nom de pensée, c'est le dialogue intérieur et silencieux de l'âme avec elle-même ? — T. Absolument. — É. On appelle discours le courant qui part de l'âme et passe par la bouche qui l'articule. — T. C'est juste. — É. Et nous savons qu'il y a de plus dans le discours... — T. Quoi ? — É. Affirmation et négation. — T. Nous le savons. — É. Ainsi quand cela se produit en silence dans l'âme sous forme de pensée, as-tu pour le désigner un autre terme que celui d'opinion ? — T. Comment en aurais-je un autre ?

Sophiste 263e-264a

[SOCRATE-PROTARQUE]

— S. Avoir une opinion et entreprendre de nous en faire une, n'est-ce pas à partir de la mémoire et de la sensation que cela nous advient à chaque fois ? — P. Bien sûr. — S. N'est-il pas nécessaire que nous concevions cela de la façon que voici ? — P. Laquelle ? ...

— S. Conviendrais-tu qu'il arrive souvent à l'homme qui ne voit pas clairement les choses qu'il regarde, parce qu'il les voit de loin, de souhaiter « discerner » ce qu'il voit ? — P. J'en conviens. — S. Là-dessus, ne se ferait-il pas à lui-même la question que voici ? — P. Laquelle ? — S. Que peut bien être ce qui m'apparaît contre le rocher debout sous un arbre ? Es-tu d'avis que c'est là ce que se dit celui aux yeux de qui de telles apparences se sont manifestées ? — P. Bien sûr. — S. Et qu'ensuite en se répondant à lui-même : c'est un homme, il se peut qu'il tombe juste ? — P. Parfaitement. — S. Ou au contraire, en se fourvoyant, que peut-être il déclare que ce qu'il a vu est une statue, en pensant que c'est l'œuvre de bergers ? — P. Il se peut. — S. Et si quelqu'un se trouve à ses côtés formulant en paroles les choses qu'il s'est dites à lui-même, il lui en fera la déclaration à haute voix, et ainsi sera devenu discours ce que naguère nous nommions opinion ? — P. Bien sûr. — S. S'il est seul, se faisant pour lui-même cette même réflexion, il arrive parfois qu'il poursuive sa route en la gardant assez longtemps pour lui.

Philèbe, 38be

5. DISCOURS ET VÉRITÉ

a) Définition du discours.

[L'ÉTRANGER-THÉÉTÈTE]

Commençons par prendre discours et opinion pour établir si le non-être s'attache à eux ou bien s'ils sont absolument vrais l'un et l'autre, jamais faux ni l'un ni l'autre. — T. Bien. — É. Allons, tout de même que nous avons parlé des formes et des lettres, mettons-nous maintenant à examiner les noms. Car c'est de ce côté que se montre ce que nous sommes en train de chercher. — T. Où veux-tu en venir s'agissant des noms ? — É. Je voudrais savoir si tous s'accordent entre eux, ou bien aucun ; si les uns se prêtent à l'accord, les autres pas. — T. La dernière hypothèse est évidente : les uns s'y prêtent, les autres non. — É. Peut-être veux-tu dire ceci : les uns, énoncés d'affilée et manifestant quelque chose, s'accordent ; les autres, dont l'enchaînement ne signifie rien, ne s'accordent pas. — T. Que veux-tu dire par là ? — É. Rien d'autre que ce que je croyais que tu entendais en me donnant ton accord. Nous disposons en effet de deux genres d'énoncés vocaux concernant l'être. — T. Comment cela ? — É. L'un c'est les noms, l'autre, les verbes. — T. Explique chacun. — É. C'est celui qui signifie les actions que nous appelons : verbe. — T. Oui. — É. Quant au signe vocal qui s'applique aux sujets qui font ces actions, c'est le nom. — T. Parfaitement. — É. Ainsi des noms tout seuls énoncés bout à bout ne font jamais un discours, non plus que des verbes énoncés à part de tout nom. [...] Par exemple « marche », « court », « dort » et tous autres verbes signifiant des actions ; et même en les disant tous d'affilée, ils n'en forment pas davantage un discours. — Naturellement. — É. De même si on dit : lion, cerf, cheval et tous les autres noms désignant les sujets qui font les actions, c'est encore une continuité dont il ne saurait résulter un discours ; car ni dans l'un, ni dans l'autre cas, les sons proférés ne manifestent ni action, ni absence d'action, ni être, que ce soit de ce qui est ou de ce qui n'est pas, tant qu'on n'a pas mêlé les verbes aux noms. C'est alors seulement que s'est fait l'accord, que la première liaison s'est aussitôt constituée en discours, pour ainsi dire le premier et le plus petit discours. — T. Qu'entends-tu par là ? — É. Quand quelqu'un dit : « l'homme apprend », ne dis-tu pas que c'est là le plus petit des discours et le premier ? — T. Je l'accorde. — É. C'est que, dès ce moment, il donne quelque indication sur ce qui est ou devient, ou fut, ou sera et qu'il ne se borne pas à dénommer, mais il détermine quelque chose en entrelaçant les verbes aux noms. Voilà pourquoi nous disons qu'il discourt et pas seulement qu'il nomme, et c'est à cet agencement que nous donnons le nom de discours. — T. À juste titre. — É. Ainsi donc, de même que dans les choses les unes s'accordaient entre elles, les autres non, de même dans les signes vocaux certains ne s'accordent pas, d'autres en s'accordant ont créé le discours. — T. Parfaitement. — É. Encore une petite remarque. — T. Laquelle ? — É. Un discours, dès lors qu'il est, est nécessairement un discours sur quelque chose ; qu'il ne porte sur rien est impossible. — T. C'est juste. — É. Ne faut-il pas qu'il ait aussi une qualité [1] ? — T. Sans doute.

Sophiste, 261c-262e

b) Rhétorique et vérité.

[SOCRATE-PHÈDRE]

— S. Examinons ce qui fait qu'un discours est bon ou ne l'est pas, qu'il soit oral ou écrit. [...] L'excellence du discours n'exige-t-elle pas que celui qui le tient dispose en pensée de la vérité sur les sujets qu'il se propose de traiter ? — P. Voici, mon cher Socrate, ce que j'ai entendu dire là-dessus : le futur orateur n'a pas à s'informer de ce qui est vraiment juste, mais bien de ce qui paraît tel à la foule, car c'est elle qui jugera ; ni non plus de ce qui est beau et bon, mais de ce qui paraît tel. Car c'est de là, et non de la vérité que procède la persuasion. — S. La sentence des gens habiles, il ne faut pas la rejeter, mais il faut examiner ce qu'elle veut dire ; ce que tu viens de dire en particulier n'est pas négligeable. — P. Tu as raison. — S. Voici comment nous allons l'examiner. — P. Comment ? — S. Suppose que moi, je te persuade de te procurer un cheval pour aller à la guerre et que nous ignorions tous deux ce qu'est un cheval ; tout ce que je sais de toi c'est que Phèdre croit que

1. Qu'il soit vrai ou faux ; cf. Phil., 37b.

le cheval est celui des animaux domestiques qui a les plus longues oreilles... — P. Voilà, Socrate, qui prêterait à rire. — S. Non, pas encore. Mais si je m'appliquais sérieusement à te persuader, en composant un discours à la louange de l'âne, que j'appellerais cheval, disant estimable la possession de cette bête chez soi comme à la guerre, servant de monture au combat, capable de porter les bagages et propre à mille autres usages... — P. Pour le coup, ce serait du plus haut comique. — S. Un ami ridicule ne vaut-il pas mieux qu'un ennemi redoutable ? — P. Évidemment. — S. Ainsi lorsqu'un orateur qui ignore le bien et le mal et trouve la cité dans le même cas, la persuade non pas que c'est du cheval qu'il fait l'éloge en parlant de « l'ombre de l'âne », mais qu'il fait celui du bien en parlant du mal ; lorsque, bien informé des opinions de la foule, il l'aura persuadée de faire le mal au lieu du bien, quel fruit, après cela, crois-tu que la rhétorique récoltera de ce qu'elle a semé ? — P. Un fruit pas très satisfaisant. — S. Mais, mon cher, est-ce que nous n'aurions pas vilipendé plus brutalement qu'il ne sied l'art des discours ? Il pourrait répliquer : « quels raisonnements étonnants débitez-vous là ? Pour ma part, je ne force personne à apprendre à discourir s'il ignore le vrai, au contraire : si l'on m'en croit, que l'on commence par s'en assurer la connaissance avant de venir à moi ; mais ce que je proclame, c'est que l'on aura beau connaître le vrai, sans moi, on ne sera pas plus avancé pour cela dans l'art de persuader ». — P. N'aurait-il pas quelque droit à tenir ce langage ? — S. J'en conviens si du moins les arguments qu'il recueille attestent qu'il est un art. Mais il me semble que j'en entends d'autres qui viennent protester qu'il ment et qu'il n'est pas un art, mais une pure routine : « De véritable art du dire sans attache à la vérité, il n'y en a point et il n'y en aura jamais » dit le Laconien.

Phèdre, 259e-260e

6. LE DIALOGUE COMME EXERCICE DIALECTIQUE

[L'ÉTRANGER-LE JEUNE SOCRATE]

— É. A notre présent propos, enchaînons-en un autre qui, par-delà notre enquête actuelle, concerne de façon générale la nature des entretiens dialectiques du genre de celui-ci. — J.S. De quoi s'agit-il ? — É. Suppose que l'on nous pose la question suivante : dans une classe où l'on apprend à lire, lorsque l'on demande à un élève de quelles lettres est composé tel mot, dirons-nous qu'on se borne à la question posée ou bien qu'on vise à le rendre meilleur lecteur de tous les mots qu'il pourra rencontrer ? — J.S. De tous les mots, cela va de soi. — É. Dès lors, que dirons-nous de l'enquête que nous menons présentement sur la politique ? se limite-t-elle au cas de ce dernier ou bien vise-t-elle à nous rendre meilleurs dialecticiens sur tous les sujets ? — J.S. Sur tous les sujets évidemment. — É. Assurément, ce n'est pas pour le tissage lui-même qu'un homme sensé se mettrait en quête d'une définition du tissage. Mais je crois qu'il y a une chose qui échappe à la plupart des gens : c'est que pour certaines des réalités, il y a des ressemblances naturelles, sensibles et faciles à saisir, qu'il n'y a aucune difficulté à mettre en évidence quand on veut les démontrer facilement, non pas à grands frais, mais sans preuve, à quiconque veut s'en rendre compte ; alors qu'en revanche pour d'autres réalités, les plus éminentes et celles qui ont le plus de prix, il n'existe aucune image qui soit faite pour les rendre évidentes aux hommes, image qu'il suffirait de montrer, en l'ordonnant à quelqu'une des sensations pour contenter l'âme de l'homme qui désire lui donner satisfaction. Voilà la raison pour laquelle il faut s'entraîner à être à même de donner et de recevoir raison de toutes choses : c'est que celles qui sont incorporelles, les plus belles et les plus grandes, ne peuvent se montrer clairement que par la définition, et par rien d'autre ; or c'est elles que tous nos présents propos ont en vue. Mais en tout domaine il est plus aisé de s'exercer sur les sujets mineurs que sur les sujets majeurs. — J.S. On ne saurait mieux dire. — É. Rappelons donc les raisons que nous avons eues de dire tout ce que nous avons dit là-dessus. — J.S. Quelles sont-elles ? — É. Précisément l'ennui que nous infligea la prolixité de notre discours sur le tissage, puis sur la révolution rétrograde de l'univers, puis à propos du sophiste sur l'existence du non-être ; conscients de sa longueur excessive, nous nous en sommes fait grief, craignant d'avoir fait digression et d'en avoir abusé. Admets que c'est pour éviter pareils scrupules à l'avenir que nous venons de préciser tout cela. — J.S. Soit, poursuis seulement. — É. Je dis donc qu'il faut que toi et moi nous nous souvenions de ce que nous venons de dire chaque fois qu'il s'agira de blâmer ou de louer brièveté aussi bien la brièveté que la longueur des propos que nous tiendrons sur quelque sujet que ce soit : ce n'est pas en comparant les longueurs qu'il faut en juger, mais bien, conformément à cette partie de l'art de mesurer que nous recommandions tout à l'heure à notre souvenir, d'après la convenance. — J.S. C'est juste. — É. Encore n'est-ce pas non plus toute chose qu'il faut mesurer à cette aune. Car ce n'est nullement pour l'agrément, sauf à titre accessoire, que nous exigerons longueur appropriée ; et ce n'est pas non plus au premier rang de notre préférence, mais au second, que l'argument nous convie à mettre la facilité et la rapidité dans la découverte de la solution du problème posé, car il nous convie bien plutôt à accorder prévalence au procédé de recherche qui met à même de diviser selon les espèces et en particulier à poursuivre, si longue qu'elle soit, l'argumentation qui rend l'auditeur plus inventif sans plus s'irriter de ce qu'elle est longue qu'on ne le ferait si elle était plus courte. Au surplus, celui qui blâme la longueur des propos dans des entretiens comme les nôtres et n'accepte pas les détours qui reviennent à leur point de départ, l'argument nous dit qu'il ne faut pas s'empresser sur-le-champ de le tenir quitte dès qu'il s'est contenté de s'en prendre à la longueur des propos, mais lui faire de surcroît obligation de montrer que, sous une forme abrégée, ils auraient rendu les auditeurs meilleurs dialecticiens et plus aptes à inventer la représentation rationnelle des réalités, quant aux autres blâmes ou éloges, sur quelque point qu'ils portent, il faut ne leur accorder absolument aucun crédit et faire la sourde oreille à des propos de ce genre.

Politique, 285c-287a

II. NÉCESSITÉ DE LA PHILOSOPHIE

1. DANGER DE LA PHILOSOPHIE

[CALLICLÈS]

— La philosophie est assurément, Socrate, une chose plaisante si on s'y adonne avec mesure quand on est jeune ; mais si on s'y attarde plus qu'il ne faut, c'est la ruine de l'homme. Car si bien doué qu'il soit, s'il continue à philosopher en avançant en âge, il est inévitable qu'il soit ignorant de tout ce qu'il faut savoir pour devenir un homme accompli et bien considéré. Il est de fait qu'on devient ignorant des lois qui régissent l'État, du langage dont il faut user dans les conventions publiques et privées, des plaisirs et des désirs des hommes, bref, on devient totalement ignorant des conduites humaines. Aussi quand on en vient à quelque affaire privée ou publique, on prête à rire tout à fait comme il arrive aux hommes politiques, je pense, quand ils se mêlent à vos entretiens et discussions... Lorsque je vois un jeune homme pratiquer la philosophie, je m'en réjouis, cela me paraît convenable et dénote à mes yeux l'homme libre ; liberté qui fait au contraire défaut à celui qui la néglige : jamais il ne s'estimera capable de s'employer à rien de beau et généreux. Mais quand je vois un homme d'âge continuer à philosopher incessamment, c'est de coups qu'il me paraît, dès lors, avoir besoin. Car, comme je viens de le dire, un tel individu si bien doué soit-il tombe au-dessous de l'homme en fuyant le cœur de la cité et

« les assemblées où se distinguent les hommes », comme dit le poète, et en passant le reste de sa vie rencogné, à chuchoter avec trois ou quatre adolescents, sans jamais rien proférer de libre, de grand et de puissant. [...]

Tu négliges, Socrate, ce dont il faut te soucier, tu revêts le naturel si généreux de ton âme d'un déguisement enfantin ; tu ne saurais faire d'intervention correcte dans les délibérations du tribunal, ni saisir le vraisemblable et le persuasif, ni délibérer une décision vigoureuse concernant autrui. Et pourtant, mon cher Socrate — ne te fâche pas contre moi, mon propos est bienveillant — est-ce qu'il ne te paraît pas honteux de te trouver dans l'état où je te vois, toi et tous ceux qui poussent toujours plus loin leur étude de la philosophie ? Car présentement si on t'arrêtait, toi ou l'un de tes pareils, pour te mettre en prison en t'accusant d'un crime que tu n'a pas commis, tu sais bien que tu serais incapable de t'en sortir : pris de vertige, bouche bée sans savoir que dire, puis traîné au tribunal, tu serais mis à mort, s'il plaisait à ton accusateur, si vil et méprisable qu'il soit, de réclamer cette peine contre toi.

Où voit-on quelque chose de sage dans « un art qui ne s'empare d'un homme bien doué que pour le rendre pire[1] », incapable de se défendre, de se tirer de périls extrêmes ni lui ni un autre, exposé à se laisser dépouiller de tout son bien par ses ennemis, à vivre, en somme, sans honneur dans son pays ? Un tel homme, passe-moi la rudesse de l'expression, on est en droit de le souffleter impunément. Crois-moi, mon cher, « laisse-là tes arguties, entraîne-toi à devenir habile en affaires », exerce-toi à ce qui te vaudra réputation d'homme sensé, « laisse à d'autres ces raffinements », bavardages ou sornettes, comme on voudra, qui « te conduiront à habiter une maison vide » ; prends modèle non pas sur ces disputeurs d'arguties,

1. Cette citation et celles qui suivent proviennent d'une tragédie perdue d'Euripide : *Antiope*.

mais sur les gens qui ont fortune, réputation et mille autres biens.

Gorgias, 484c-486d

2. LA DIALECTIQUE MALADE — ALLÉGORIE DU FILS SUPPOSÉ

[SOCRATE-GLAUCON]

— S. As-tu réfléchi à l'étendue du mal qui a gagné la dialectique de nos jours ? — G. Quel est-il ? — S. C'est de dérèglement, semble-t-il, qu'elle est entièrement atteinte. — G. Et comment ! — S. Est-ce merveille, à ton avis, que ceux qui la pratiquent en soient atteints, et ne leur trouves-tu pas d'excuses ? — G. En quoi principalement ? — S. Ils sont dans le cas d'un enfant supposé, élevé dans l'opulence, au sein d'une grande et puissante famille et entouré d'une foule de flatteurs, qui, devenu adulte, s'apercevrait qu'il n'est pas le fils de ceux qui se disent ses parents, sans pour autant découvrir ses parents véritables ; te sens-tu capable de deviner en quelle disposition il serait à l'égard de ses flatteurs et de ses parents supposés, d'abord au temps où il ignore le fait de sa supposition, puis à l'époque où il en est instruit ? Ou bien préfères-tu écouter ce que j'en conjecture pour ma part. — G. Je préfère. — S. Je suppose donc qu'il honorerait davantage père, mère et le reste de la famille supposée que les gens qui le flattent, qu'il serait moins indifférent à leurs besoins, moins déréglé dans sa conduite et ses propos envers eux ; que, dans les choses importantes, il leur ferait davantage confiance qu'aux gens qui le flattent, tant qu'il ignorerait la vérité. — G. C'est vraisemblable. — S. Dès qu'il connaîtrait la réalité, je soupçonne que son respect et ses égards envers ses parents se relâcheraient tandis que croîtraient ceux qu'il accorde à ses flatteurs ; il ferait à ceux-ci davantage confiance qu'autrefois, il adopterait leur mode de vie, les fréquenterait au grand jour et, sauf s'il avait une excellente nature, il ne se soucierait plus de son père et de ses parents supposés. — G. C'est bien ce qui se passerait. Mais en quoi cette image s'applique-t-elle aux adeptes de la dialectique ? — S. Voici en quoi : nous avons depuis l'enfance des maximes sur ce qui est juste et beau, nous en avons été nourris comme par des parents, nous nous y soumettons et nous les honorons. — G. C'est exact. — S. Il existe également d'autres pratiques qui s'opposent à ces maximes et qui comportent des jouissances ; elles flattent notre âme et l'attirent ; mais ceux qui ont quelque mesure ne s'en font pas des adeptes, ils respectent les maximes de leurs pères et s'y soumettent. — G. C'est exact. — S. Eh bien, suppose qu'on vienne demander à quelqu'un qui se trouve dans cette disposition ce que c'est que l'honnêteté, qu'il donne la réponse qu'il a apprise du législateur et que l'argument dialectique la réfute ; suppose que la fréquente répétition de cette réfutation le jette dans l'opinion que ceci n'est en rien davantage honnête, et pareillement en ce qui concerne le juste, le bon et tout ce à quoi il accordait le plus de valeur, comment crois-tu qu'il se comportera désormais à l'égard des maximes qu'entraînaient son respect et sa soumission ? — G. Dès lors qu'il n'estimera plus respectables et convenables ces maximes et que d'autre part il n'aura pas trouvé les vraies, est-il vraisemblable qu'il s'adonne à un autre genre de vie que celui qui le séduit ? — G. Non. — S. Tu conviendras donc, je pense, que de réglé qu'il était, il est tombé dans le dérèglement ? — G. Forcément. — S. Ainsi, il n'est rien que de naturel dans l'accident qui arrive à ceux qui se mêlent de dialectique en ces conditions, et, comme je le disais, ils sont grandement excusables.

République VII, 537e-539a

3. LES PRÉCAUTIONS À PRENDRE

[SOCRATE-GLAUCON]

— S. Pour éviter aux gens ce sort pitoyable, ne faut-il pas entourer leur initiation à la dialectique de toutes sortes de précautions ? — G. Assurément. — S. La seule précaution essentielle n'est-elle pas de les empêcher de goûter à la dialectique tant qu'ils sont jeunes ? Car je pense que tu as remarqué que les adolescents, aussitôt qu'ils ont goûté à la dialectique en font un jeu, qu'ils s'en servent toujours pour la controverse, et qu'à l'imitation de ceux qui les ont réfutés, ils réfutent eux-mêmes les autres, heureux comme des jeunes chiens d'user de l'argument pour tirailler et déchirer tous ceux qu'ils approchent. — G. C'est prodigieux ! — S. Réfutant souvent, souvent réfutés, ils ne tardent pas à en venir brusquement à perdre toutes leurs croyances antérieures ; ce qui fait qu'eux-mêmes et tout ce qui touche à la philosophie se trouve discrédité aux yeux des gens. — G. Rien de plus vrai. — S. Plus avancé en âge, on ne consentirait pas à entrer dans ce délire ; on imitera celui qui a l'intention de discuter et d'examiner le vrai, plutôt que celui qui joue et contredit pour le plaisir de jouer, et montrant soi-même plus de mesure, on rendra la pratique plus honorable au lieu de la déconsidérer. — G. C'est juste. — S. Tout ce qui a été dit précédemment ne visait-il pas à cette précaution : n'admettre à la dialectique que des naturels équilibrés et stables, ne pas en ouvrir l'accès, comme on le fait de nos jours, au premier venu et à celui qui est le moins fait pour cela.

République VII, 539ad

4. LE RISQUE DE LA MISOLOGIE

[SOCRATE-PHÉDON]

— S. Commençons par prendre garde à ne pas être victimes d'un accident. — P. Lequel ? — S. Celui de devenir misologues, à la façon dont certains deviennent misanthropes. Car il n'est pire accident que de devenir ennemi des raisons. Or la misologie vient comme la misanthropie. Car voici comment naît la misanthropie : on a naïvement accordé une entière confiance à quelqu'un ; on a estimé l'homme vrai, sincère et loyal à tous égards ; peu après on découvre en lui la perversité et la déloyauté, puis encore autre chose ; celui qui s'est vu infliger cette déception à maintes reprises, et par ceux qu'il tenait pour ses amis les plus intimes et les plus chers, à force de froissements, finit par prendre tous les hommes en haine et par estimer qu'ils sont tous sans exception dépourvus de sincérité. N'est-ce pas ainsi que cela se passe ? — P. Si, tout à fait. — S. Or, n'est-ce pas condamnable ? et n'est-il pas évident qu'on n'en est venu là que parce qu'on a tenté de fréquenter les hommes sans rien entendre aux choses humaines. [...] On peut comparer au cas des hommes celui des raisons sur le point que voici : quelqu'un qui n'entendrait rien aux raisons a accordé sa confiance à la vérité d'un raisonnement, puis, peu après, il se prend à croire qu'il est faux (ce qu'il est en certain cas, mais pas toujours), puis c'est le tour d'un autre, et ainsi de suite ; et tu n'ignores pas que ce sont surtout ceux qui passent leur temps à opposer les raisons qui finissent par estimer qu'ils sont parvenus au faîte de la sagesse et que seuls ils ont compris qu'il n'y a rien de franc ni de solide, que ce soit dans les choses ou dans les raisonnements : absolument tout ce qui existe va et vient dans le courant, dans le détroit d'Euripe, sans demeurer en repos en un seul instant. — P. C'est tout à fait vrai. — S. Telle est donc la fâcheuse mésaventure que nous risquons : alors qu'il existe en fait un argument vrai, solide et parfaitement discernable, sous prétexte que dans la suite nous en rencontrerions d'autres ainsi faits que nous les croyons tantôt vrais, tantôt faux, au lieu de nous en prendre à nous-mêmes et à notre incompétence, nous finissions par être tout contents de cesser d'en souffrir en nous déchargeant sur les raisonnements de notre propre responsabilité, passant dès lors le reste de nos jours à détester et à vitupérer les raisonnements, et nous privant ainsi de la science de ce qu'il y a de vrai dans le réel. — P. Fâcheuse mésaventure, assurément ! — S. Commençons donc par nous en préserver : gardons-nous de nous mettre en tête qu'il se peut qu'il n'y ait rien de sain dans les arguments ; bien plutôt que c'est nous qui ne sommes pas encore sains, et qu'il faut nous conduire en hommes et avoir à cœur d'être sains, toi et les autres, en vue de la vie qui vous attend, moi en vue de la mort, en songeant que, pour ma part, le risque que je cours présentement en face de celle-ci, c'est celui de me comporter non pas en homme épris de sagesse, mais, à la manière des gens complètement incultes, en homme qui prétend avoir le dernier mot. Car vois comme ils se comportent en leurs disputes : de l'objet précis de l'argumentation, ils ne se soucient nullement ; imposer leurs propres thèses à leurs interlocuteurs, voilà ce qu'ils désirent. Présentement à mon sens, toute la différence entre eux et moi est là : je ne me propose nullement (si ce n'est par surcroît) de faire croire à ceux qui m'entourent que ce que je dis est vrai, c'est à moi-même que je désire faire apparaître le plus vrai possible ce que je dis.

Phédon, 89ce ; 90b-91b

5. L'ENJEU : SORTIR DE SON TROU

[SOCRATE]

Sur toute la surface de la terre, il y a de nombreux trous, de forme et de taille variées, où sont venus se condenser eau, vapeur et air. Mais la terre elle-même en sa pureté, c'est dans le ciel pur où sont les astres qu'elle réside, celui que la plupart des spécialistes de ces questions appellent l'éther ; et c'est le sédiment de cet éther qui ne cesse de venir se condenser dans les trous de la terre. Quant à nous, nous ne nous apercevons pas que ce sont ces trous que nous habitons, et nous croyons habiter la surface de la terre. Nous sommes exactement dans la situation de quelqu'un qui se tiendrait à mi-chemin du fond de la mer et croirait se trouver à la surface : voyant le soleil et les astres à travers l'eau, c'est la mer qu'il prendrait pour le ciel ; par indolence et faiblesse, il n'aurait jamais atteint la surface de la mer, et faute d'avoir émergé et mis la tête hors de l'eau en notre lieu terrestre, il n'aurait jamais vu à quel point il est plus pur et plus beau que le séjour de ses semblables, ni n'en aurait entendu parler par quelqu'un qui l'aurait vu. Eh bien, voilà exactement ce qui nous arrive à nous également : logés dans quelque trou de la terre alors que nous croyons en habiter la surface, c'est l'air que nous appelons le ciel et que nous prenons pour le ciel où se meuvent les astres, et notre condition est identique : par faiblesse et indolence nous sommes incapables de traverser complètement la couche de l'air ; à supposer que l'un d'entre nous y parvienne ou que des ailes lui permettent de s'envoler, alors il émergerait et verrait : exactement comme les poissons qui émergent de la mer découvrent notre séjour terrestre, il découvrirait la région supérieure, et si sa nature était capable de soutenir cette contemplation, c'est alors qu'il connaîtrait le véritable ciel, la vraie lumière et la terre véritable. Car cette terre-ci, ses pierres et toute la région d'ici-bas est détruite et rongée, comme l'est par la salure tout ce que contient la mer, la mer où il ne croît rien qui vaille, où il n'y a presque rien d'achevé, mais des roches rongées, du sable, une quantité extraordinaire de vase, des bourbiers là où il y a de la terre, rien qui mérite d'être en aucune façon comparé aux beautés terrestres. Mais celles de là-haut seraient à leur tour manifestement bien supérieures à ces dernières.

Phédon, 109b-110b

6. LE PHILOSOPHE SUR LE BATEAU IVRE

[ADIMANTE-SOCRATE]

— A. Quelqu'un pourrait te dire, Socrate, que si, en parole, il n'est pas capable de faire objection à chacune des questions que tu poses, en fait, il voit cependant fort bien ce qu'il advient de tous ceux qui, s'étant lancé dans la philosophie, n'ont pas su s'en détacher après s'y être adonné quand ils étaient jeunes en vue de se cultiver, et qui en ont prolongé la pratique : les uns, la plupart, sont devenus des êtres très bizarres, pour ne pas dire tout à fait malfaisants ; les autres, ceux qui paraissent les plus convenables, n'en ont pas moins été condamnés, par cette pratique dont tu fais l'éloge, à devenir inutiles à l'Etat. — S. Crois-tu qu'ils se trompent, ceux qui disent cela ? — A. Je ne sais, mais il me plairait d'entendre ton avis. — S. Tu entendrais que selon moi, ils disent vrai. — A. Mais alors comment siérait-il de prétendre que les États n'auront de cesse à leurs maux avant d'être gouvernés par ces philosophes dont nous venons de reconnaître qu'ils leur sont inutiles ? — S. Tu me poses là une question à laquelle on est obligé de répondre en recourant à une image. — A. Ce n'est pourtant pas ton habitude de parler par image. — S. Moques-toi de moi, après m'avoir jeté dans un argument si difficile à démontrer ! Suis mon image, tu verras encore mieux à quel point je m'y empêtre. Si pénible est le sort que les États infligent aux plus raisonnables qu'il n'y en a pas un autre qui lui soit comparable ; aussi pour le dépeindre et plaider leur cause faut-il recourir à une image composite, du genre de celles que les peintres composent, des boucs-cerfs et des monstres de même espèce. Représente-toi donc la scène suivante se passant sur un navire ou une flotte : le patron est plus grand et plus fort que le reste de l'équipage, mais il est dur d'oreille, il a la vue basse et sa compétence en navigation est à l'avenant ; les marins se chamaillent pour prendre la barre, chacun prétend qu'il lui revient de la tenir, bien qu'il n'ait jamais appris l'art de gouverner, qu'il soit incapable de dire sous quel maître ni à quel moment il l'a appris ; au surplus, tous prétendent qu'il ne s'agit pas d'un art qui puisse s'apprendre et ils sont même prêts à mettre en pièces quiconque prétend qu'il peut s'apprendre. Ils ne cessent de submerger le patron, le pressent et font tout pour qu'il leur confie la barre ; il arrive que certains, qui n'ont pas réussi à le convaincre, alors que d'autres y sont parvenus, exécutent ces derniers et les jettent pardessus bord. Quant au brave patron, ils le neutralisent en recourant à la mandragore, à l'ivresse ou à tout autre expédient ; devenus maîtres du navire, ils s'emparent de la cargaison, boivent et font ripaille, et naviguent comme peuvent le faire des gens dans cet état. En outre, celui qui a l'habileté de les aider à s'assurer le commandement en persuadant le patron ou en lui faisant violence, ils le comblent d'éloges en le traitant de vrai marin, de bon pilote et de savant navigateur, alors qu'ils traitent de propre à rien celui qui s'en abstient. L'idée ne les effleure même pas que le pilote authentique doit tenir soigneusement compte du temps, des saisons, du ciel, des astres, des vents et de tout ce qui a rapport à son art, pour être un véritable capitaine de navire ; quant à la manière dont il gouvernera avec ou sans l'opposition de certains, ils ne croient pas qu'il soit possible d'en acquérir la théorie ni la pratique conjointement avec l'art du pilotage. Quand les navires en sont là, ne crois-tu pas que le pilote véritable se voit traité de tête en l'air, de bavard et de propre à rien par de tels équipages ? — A. C'est certain. — S. Je suppose que tu n'as pas besoin de scruter l'image dans le détail pour voir qu'elle figure le comportement des États à l'égard des vrais philosophes, et que tu comprends ce que je veux dire ? — A. Assurément. — S. À qui trouve étonnant que les philosophes ne soient pas à l'honneur dans les Etats, commence donc par rapporter cette image pour tenter de le convaincre qu'il serait beaucoup plus étonnant qu'ils s'y voient honorés. — A. C'est ce que je ferai. — S. Dis-lui aussi qu'il n'a pas tort de déclarer les plus sages des philosophes inutiles à la foule, tout en le priant de ne pas en rendre les sages responsables, mais bien ceux qui ne les utilisent pas. Car qu'un capitaine prie des marins de se mettre sous son commandement, cela n'est pas dans l'ordre, pas plus qu'il n'est pas dans l'ordre que « les sages frappent aux portes des riches », quoi qu'en dise l'épigramme. Ce qui est dans l'ordre véritable, c'est que le malade, riche ou pauvre, aille frapper à la porte du médecin ; que quiconque a besoin d'être gouverné s'adresse à celui qui est capable de gouverner.

République VI, 487c-489c

7. L'OBLIGATION POLITIQUE DU PHILOSOPHE

[SOCRATE-GLAUCON]

— S. Voici ce qu'il nous revient de faire, à nous, fondateurs de l'État : obliger les meilleurs à parvenir au savoir que nous venons de dire suprême, à voir le Bien et à faire cette fameuse ascension ; quand ils l'auront faite et qu'ils l'auront vue suffisamment, ne pas leur permettre ce qu'on leur permet aujourd'hui... — G. Quoi donc ? — S. De demeurer là-haut sans consentir à redescendre auprès des prisonniers de la caverne ni à prendre part à leurs peines et à leurs honneurs, plus ou moins estimables. — G. Mais alors nous allons être injustes envers eux, en leur faisant vivre une vie moins bonne que celle qu'ils sont capables de mener ? — S. Cette fois tu oublies que la loi ne se soucie pas d'assurer un bonheur privilégié à une seule classe d'hommes dans l'État, mais qu'elle s'emploie à ce qu'il se réalise dans le tout de l'Etat en établissant l'harmonie entre les citoyens tant par la persuasion que par la nécessité, et en faisant qu'ils se rendent entre eux les services que chaque classe est capable de rendre à la communauté ; et tu oublies que la loi, en formant de tels hommes dans l'État, ne se propose pas d'autoriser chacun à se tourner vers ce qu'il veut, mais vise à s'en servir pour qu'ils concourent à la cohésion de l'État. — G. C'est vrai, je l'avais oublié. — S. Après quoi tu peux remarquer, Glaucon, que nous ne serons nullement injustes à l'égard des philosophes qui seront formés chez nous, mais c'est le langage de la justice que nous leur tiendrons en les astreignant à prendre soin des autres et à les protéger. Nous leur ferons valoir qu'il est naturel que dans les autres États ceux qui sont devenus philosophes s'épargnent le tracas des affaires : ils se sont formés d'eux-mêmes, malgré le régime, et il est juste que qui s'est formé soi-même sans rien devoir à personne ne veuille rien rembourser. Mais vous, leur dirons-nous, c'est nous qui vous avons formés dans votre intérêt propre et dans celui de l'État pour être chefs et souverains comme cela se fait dans les ruches ; vous avez reçu une éducation meilleure et plus accomplie que ces autres philosophes et vous êtes mieux à même d'allier philosophie et politique. Il faut donc qu'à tour de rôle vous descendiez cohabiter avec les autres et que vous partagiez leur accoutumance à voir dans l'obscurité ; car une fois accoutumés, vous verrez beaucoup mieux qu'eux, et vous reconnaîtrez chaque image, ce qu'elle est et de quoi elle est l'image, puisque vous avez vu le vrai en matière de beau, de juste et de bon ; de sorte que, pour nous comme pour vous, c'est la réalité d'un État qui sera gouvernée, et non pas son rêve, comme c'est le cas dans la plupart des États d'aujourd'hui, où l'on se livre à des combats d'ombres et où on rivalise pour le pouvoir, comme s'il s'agissait d'un grand bien. Au vrai, voici sans doute ce qu'il en est : un État où ce sont ceux qui sont le moins avides du pouvoir qui seront appelés à l'exercer aura forcément le meilleur gouvernement et le moins séditieux, alors que c'est l'inverse dans le cas contraire. — G. C'est bien vrai. — S. Alors, crois-tu que nos élèves resteront sourds à de tels propos, et qu'ils refuseront de partager la charge du pouvoir à tour de rôle, tout en passant la plus grande partie de leur temps ensemble dans la pureté de leur retraite ? — G. Il est impossible que des gens justes se dérobent à nos justes prescriptions. Mais le plus remarquable c'est qu'à l'inverse des chefs d'Etat actuels, chacun d'eux assumera le pouvoir comme une obligation. — S. C'est un fait, mon ami : c'est la découverte d'une condition meilleure que celle de gouvernant pour les gens qui vont gouverner qui te permet d'avoir un Etat bien gouverné ; car c'est seulement dans un tel État que gouvernent ceux qui ont la vraie richesse : non pas celle que donne l'or, mais celle qu'exige le bonheur, la conduite bonne et raisonnable. Ce n'est pas possible si ce sont des gueux avides de faire personnellement fortune qui viennent aux affaires publiques ; avec l'idée que c'est là qu'il faut faire main basse, car le pouvoir devenant objet de lutte, cette guerre civile et intestine entraîne leur perte et celle de tout l'État. — G. Rien de plus vrai. — S. Or, vois-tu un autre mode de vie que celui de la philosophie authentique qui soit capable d'inspirer le mépris du pouvoir ? — G. Non. — S. Il est certain en tout cas qu'il faut interdire l'accès au pouvoir à ceux qui en sont épris, sans quoi les rivalités s'affrontent. — G. C'est inévitable. — S. Ainsi à qui imposer la garde de l'État sinon aux gens les mieux avertis des moyens de le mieux gouverner, qui connaissent d'autres dignités et une vie meilleure que celles de la politique ?

République VII, 519c-521b

8. LES HABILES ET LES SAGES

[SOCRATE-THÉODORE]

— S. Il y a chance que ceux qui, dès leur jeunesse, ont roulé dans les tribunaux et autres lieux du même genre soient à ceux qui ont été nourris dans la philosophie et dans une occupation semblable, ce que des gens de service sont à des hommes libres. — T. En quoi donc ? — S. En ce que ceux-ci ont loisir et que c'est en paix qu'ils tiennent à loisir leurs propos... tandis que les autres, c'est toujours dans l'affairement qu'ils parlent ; car l'heure tourne, et il ne leur est pas permis de parler de ce qu'ils veulent : la partie adverse oppose la contrainte et le formulaire d'accusation dont il n'est pas permis de s'écarter selon le serment légal réciproque, comme ils le disent, et leurs propos portent sur un esclave du même genre qu'eux et s'adressent à un maître qui siège tenant toujours cause en main ; jamais leurs contextes n'ont d'autre objet que privé et la vie en est souvent l'enjeu. Tout cela les rend tenaces et finassiers, habiles à flatter le maître en paroles et à le circonvenir en fait, mesquins et torses en leurs âmes. Tout jeunes, la servitude les priva d'épanouissement, de droiture et de liberté, les astreignit aux pratiques tortueuses, imposa à leurs âmes encore tendres de gros dangers et de grandes frayeurs ; incapables de leur opposer le juste et le vrai, tournés d'emblée vers le mensonge et les injustices réciproques, ils sont à ce point tordus et rabougris que, parvenus à l'âge adulte, leur esprit n'a rien de sain, alors qu'ils sont devenus, à ce qu'ils croient, habiles et savants. [...]

Dès leur jeunesse, les philosophes commencent par ignorer le chemin qui mène à la place publique, le lieu du tribunal, du conseil, et de tout autre salle commune ; ils n'ont d'yeux ni d'oreilles pour les lois ni pour les décisions orales ou écrites ; quant aux intrigues des partis pour occuper les postes, aux réunions, aux banquets et aux parties fines avec les joueuses de flûte, ils ne songent pas même en rêve à y prendre part. Qu'un événement heureux ou malheureux se soit produit en ville, qu'un tel ait hérité d'une tare d'une lignée ou de l'autre de ses ancêtres, il l'ignore plus encore que la contenance de la mer, comme dit le proverbe. Et il ne sait même pas qu'il ne sait pas tout cela, car ce n'est pas dans l'intention de se faire valoir qu'il reste à l'écart ; en fait, il n'y a que son corps qui réside et séjourne dans la ville ; quant à sa pensée, qui n'accorde aucun prix à tout cela, elle plane partout, « en-deçà des terres, au-delà des cieux comme dit Pindare, géomètre des unes et astronome des autres, cherchant partout à pénétrer toute la nature de chaque réalité en son entier, sans se laisser choir sur ce qui est proche d'elle. — T. Que veux-tu dire par là, Socrate ? — S. Ce que veut dire l'anecdote que voici : Thalès qui regardait en l'air pour observer les astres, vint à choir dans un puits ; une servante thrace, pleine d'esprit et d'à propos, le railla de son ardeur à savoir ce qui est au ciel, sans voir ce qui se trouvait à ses pieds. Le trait vaut pour tous ceux qui passent leur vie à philosopher. Il est de fait que la philosophie ignore tout de son proche et voisin : non seulement ce qu'il fait, mais pour un peu s'il est un homme ou quelque autre créature. En revanche : que peut bien être l'homme, que convient-il qu'une telle nature fasse ou subisse de différent des autres, voilà ce qu'il cherche et met tous ses soins à approfondir. Sans doute, vois-tu ce que je veux dire, Théodore ? — T. Je vois et tu dis vrai. — S. Tel est le philosophe, mon cher, dans le privé, et en public également, comme je te disais, lorsqu'au tribunal ou ailleurs il est forcé de parler de ce qui est à ses pieds ou sous ses yeux : ce n'est pas seulement aux femmes thraces mais à n'importe quelle foule qu'il prête à rire, car il tombe d'embarras en embarras comme dans un puits et sa terrible maladresse lui vaut réputation de stupidité. Dans les échanges d'insultes il ne dispose pour son compte d'aucune insulte appropriée contre personne, car faute de s'en être informé, il ne connaît aucune turpitude concernant quiconque, et son embarras le fait paraître ridicule. Lorsqu'on en est aux éloges et aux glorifications d'autrui, il ne fait pas semblant d'en rire, il en rit franchement qu'on le prend pour un sot. Fait-on l'éloge d'un tyran ou d'un roi ? il a l'impression d'entendre celui d'un porcher, berger ou vacher qu'on félicite d'avoir bien su traire son troupeau ; il pense même que le troupeau des premiers est plus rétif et plus traître à paître et à traire que celui des seconds et qu'il est inévitable que l'absence de loisir rende ces princes aussi rustres et incultes que les bergers, dès qu'ils se sont parqués dans leur montagne. Entend-il parler de quelqu'un qui possède quelques milliers d'hectares comme d'un propriétaire prodigieusement riche ? C'est d'un lopin qu'il croit entendre parler, lui dont le regard parcourt la terre entière. Glorifier la race, vanter l'homme capable de faire étalage de sept ancêtres riches, c'est pour lui avoir la vue faible et courte, c'est se montrer, par inculture, incapable d'avoir toujours égard à l'univers, de réfléchir au fait que chacun de nous a eu d'innombrables myriades d'aïeux et bisaïeux, parmi lesquels, pour quiconque, riches et gueux, rois et esclaves, Barbares et Grecs ont eu des milliers de fois leur tour. Se vanter d'une lignée de vingt-cinq ancêtres remontant à Hercule, fils d'Amphitryon, lui paraît étrangement mesquin : le vingt-cinquième ancêtre d'Amphitryon fut ce que le hasard voulut. Il rit de leur impuissance à y réfléchir et à mettre un terme à la vanité de leur âme insensée. En toutes ces occasions le philosophe est moqué par la foule soit qu'il paraisse arrogant, soit qu'il ignore ce qui est à ses pieds et s'empêtre à chaque pas. — T. C'est tout à fait ce qui se produit, Socrate.

— S. Lorsqu'en revanche, mon cher, le philosophe parvient à entraîner l'autre sur les hauteurs, et que celui-ci consent à laisser la question : « en quoi te fais-je tort, ou en quoi me fais-tu tort ? », pour entreprendre l'examen de la justice et de l'injustice en elles-mêmes, de la nature propre de chacune, de ce qui les distingue du reste et de ce qui les distingue entre elles ; ou encore à laisser la question : « le Grand Roi est-il heureux avec son magot d'or ? » pour se mettre à réfléchir sur la royauté, le bonheur et la misère de l'homme en général, leur nature, sur la manière dont il convient à la nature humaine d'acquérir l'un et d'échapper à l'autre — sur toutes ses questions, quand c'est au tour de l'homme qui a l'âme mesquine, finassière et chicanière de rendre raison, alors les rôles sont inversés : il est pris de vertige à se sentir suspendu si haut ; à regarder en bas d'une telle hauteur, faute d'habitude, il est envahi par l'inquiétude et l'embarras et il bafouille ; ce n'est plus aux femmes thraces ni aux gens incultes qu'il prête à rire, car ceux-là ne se rendent pas compte de ce qui arrive, mais bien à ceux qui ont reçu tout le contraire d'une éducation servile. Voilà comment l'un et l'autre se comportent, Théodore. L'un dont l'éducation s'est vraiment faite dans la liberté et le loisir, celui que tu nommes philosophe on ne le blâme pas de faire figure de naïf et de bon à rien lorsqu'il tombe aux prises avec des tâches serviles et qu'il ne sait pas faire son paquetage ou assaisonner de flatteries sa cuisine ou ses propos. L'autre, au contraire, est capable de s'acquitter de toutes ces tâches avec habileté et vivacité, mais il ne sait porter l'habit comme un homme libre, non plus que trouver le ton pour célébrer la vie véritable des dieux et des mortels heureux.

Théétète, 172c-176a

III. — L'ÉDUCATION (« PAIDEIA »)

1. L'ÉDUCATION, ACQUISITION DE LA VALEUR

[L'ÉTRANGER D'ATHÈNES]

Je vais dire quelle nature il faut reconnaître à l'éducation ; examinez si mon propos vous agrée. [...] Je prétends que quel que soit le domaine où l'homme doive un jour exceller, il faut qu'il s'y exerce dès sa prime enfance, qu'il trouve amusement et intérêt à tout ce qui s'y rapporte. Ainsi celui qui deviendra un jour bon agriculteur ou bon architecte : il faut que celui-ci s'amuse aux jeux de la construction, celui-là au jardinage, que celui qui les élève leur procure à chacun de petits outils qui imitent les vrais, sans oublier bien sûr l'initiation à tous ceux des savoirs dont l'apprentissage préliminaire est nécessaire, le futur charpentier s'amusant par exemple à mesurer au cordeau, le futur soldat à monter à cheval, etc. ; il faut qu'il se serve des jeux pour essayer d'orienter les désirs et les plaisirs des enfants dans la direction qui doit les mener à destination. Selon nous, l'essentiel de l'éducation, c'est la manière correcte d'amener le plus possible l'âme de l'enfant qui joue à aimer la fonction où, devenu adulte il lui faudra parvenir à la plus haute perfection qu'elle comporte... Mais gardons-nous de laisser dans l'indétermination ce que nous appelons : éducation. Car de nos jours pour louer ou blâmer la façon dont les gens ont été élevés, nous disons de l'un qu'il a été éduqué, de l'autre qu'il n'a pas été éduqué ; il nous arrive parfois de dire que certains ont reçu une bonne éducation de commerçant, de marin. Selon toute apparence, notre présent propos n'est pas le fait de gens qui pensent qu'il s'agit là d'éducation : pour eux, l'éducation conduit de l'enfance à la valeur humaine, inspire le désir passionné de devenir un citoyen accompli, sachant commander et obéir en toute justice. Voilà la façon d'élever que le propos présent distinguerait, pour lui réserver exclusivement le nom d'éducation, me semble-t-il ; alors que celle qui prépare à l'enrichissement ou à la vigueur corporelle, ou à quelque autre habileté d'où raison et justice sont absentes, il la déclarerait vulgaire, servile, absolument indigne de porter le nom d'éducation. Mais gardons-nous de disputer sur les mots ; restons-en à la définition dont nous sommes convenus : ceux qui ont été bien éduqués deviennent généralement des hommes de valeurs ; il ne faut en aucun cas mésestimer l'éducation, le plus haut des bienfaits qui puissent échoir aux meilleurs des hommes ; et si elle vient à dévier et qu'il soit possible de la ramener dans le droit chemin, chacun doit s'en charger tant qu'il peut, sa vie durant, sans relâche.

Lois I, 643b-644b

[L'ÉTRANGER D'ATHÈNES]

— É. Mon intention est de vous remettre en mémoire ce qu'est, selon nous, l'éducation bien comprise... Je prétends donc que ce que les enfants commencent par ressentir à leur façon, c'est le plaisir et la douleur, et que c'est là le lieu où le vice et la vertu commencent par s'installer dans leur âme, alors que le bon sens et l'assurance des jugements vrais, c'est une chance s'ils adviennent à l'homme, même en sa vieillesse ; du moins leur possession avec tout ce qu'ils comportent de bien est-elle le fait de l'homme accompli. Aussi ce que j'appelle éducation, c'est l'acquisition première que les enfants font de la valeur morale ; que plaisir et amour, douleur et haine viennent à bien s'installer dans leurs âmes à un âge où ils ne sont pas encore capables d'en saisir la raison, puisque, cet âge venu, ces sentiments entrent en harmonie avec cette raison pour avoir été accoutumés par les habitudes convenables, cette harmonie constitue le tout de la vertu ; quant à l'aspect de formation qu'elle comporte en matière de plaisirs et de douleurs, en disposant judicieusement à haïr toute sa vie ce qu'il faut haïr, à aimer ce qu'il faut aimer, c'est cet aspect que mon propos distingue pour l'appeler éducation, dénomination correcte à mon sens.

Lois II, 652b

2. LA GROSSE BÊTE ET L'ÉDUCATION DÉMAGOGIQUE

[SOCRATE-ADIMANTE]

— S. Il n'est aucun des individus mercenaires que précisément ces démagogues nomment sophistes et regardent comme leurs rivaux, qui enseigne autre chose que les croyances professées par la masse chaque fois qu'elle s'assemble, et qui ne lui donne le nom de sagesse. Ils ressemblent en tous points à quelqu'un qui, chargé d'élever un animal gros et fort, se serait informé en détail de ses instincts et appétits ; par où il faut l'approcher et par où le toucher ; à quels moments il est le plus agressif et le plus inoffensif et pourquoi ; les cris qu'il a coutume de pousser selon les circonstances ; quels sons proférés par autrui l'apaisent ou l'irritent ; après quoi, instruit à fond de tout cela par une longue fréquentation de la bête, il nommerait science cette expérience, et après l'avoir mise en forme de manuel, il en ferait un objet d'enseignement ; sans vraiment savoir en rien ce que ces croyances et désirs comportent de beau ou de laid, de bon ou de mauvais, de juste ou d'injuste, il réglerait l'emploi de tous ces termes sur les avis de la grosse bête, nommant bonnes les choses qui lui plaisent, mauvaises celles qui lui déplaisent ; faute d'en avoir aucune autre justification, c'est ce qui est nécessaire qu'il qualifierait de juste et de beau ; et il serait tout aussi incapable de voir que de montrer à autrui à quel point la nature du nécessaire diffère réellement de celle du bon. Ne te semble-t-il pas qu'un tel homme serait un éducateur bien étrange ? — A. Si... — S. Or te paraît-il différent de celui qui pense que le savoir consiste à s'être informé de l'instinct et des goûts d'une multitude composite en son assemblée, que ce soit en matière de peinture, de musique ou de politique ? Car c'est un fait : si quelqu'un s'adresse à la masse pour lui soumettre un poème ou une œuvre quelconque ou une mesure d'intérêt public, en la laissant juge plus qu'il n'est nécessaire, il est fatal qu'il soit forcé de faire ce qui a l'approbation de ces gens-là ; et que ce soit vraiment bon et beau, as-tu jamais entendu l'un de ceux-ci en donner une raison qui ne soit pas ridicule ? — A. Je pense même que je n'en entendrai jamais. — S. Après avoir réfléchi à tout cela, rappelle-toi ceci : est-il possible de faire en sorte que la masse admette ou soutienne que c'est le beau en soi qui a l'existence, et non pas la multiplicité des belles choses que c'est chaque chose en soi qui existe, et non pas la multiplicité des choses singulières ? — A. Pas le moindrement... — S. Ainsi, il est impossible que la masse soit philosophe. — A. C'est impossible. — S. Et il est inévitable qu'elle vilipende les philosophes. — A. C'est inévitable. — S. De même les individus qui la fréquentent avec le désir de lui plaire. — A. C'est évident.

République VI, 493a-494a

3. L'ÉDUCATION TRADITIONNELLE, LOUÉE PAR UN SOPHISTE

[PROTAGORAS]

Toute leur vie les pères ne cessent d'enseigner et d'exhorter leurs fils en commençant dès la tendre enfance. Aussitôt que l'enfant comprend ce qu'on lui dit, nourrice, mère, précepteur et le père lui-même s'acharnent à le perfectionner : à propos de tout ce qu'il fait et dit, ils lui enseignent : ceci est juste, cela injuste, ceci est beau, cela honteux, ceci est pieux, cela impie ; ne fais pas cela, fais ceci. Il se peut qu'il obéisse de bon gré ; si ce n'est pas le cas, tel une baguette tordue et courbe, on le redresse par les menaces et les coups. Lorsque ensuite on l'adresse au maître d'école, ils recommandent à celui-ci de veiller bien davantage à ce que les enfants se conduisent bien qu'à ce qu'ils apprennent à lire et à écrire ou à jouer de la cithare ; les maîtres y veillent, et quand ensuite les enfants ont appris à lire et sont à même de comprendre ce qui est écrit à la façon dont précédemment ils comprenaient le langage parlé, ils leur donnent à lire, sur les bancs de l'école, les œuvres des grands poètes et ils les leur font apprendre par cœur ; ils y trouvent nombre de préceptes et des récits à la louange et à la gloire des héros du passé, afin que l'enfant, pris d'émulation, les imite et s'efforce de leur ressembler.

Puis c'est au tour des maîtres de cithare de faire de même dans un domaine différent : ils s'appliquent à rendre les jeunes disciplinés et à les empêcher de se mal conduire. En outre, lorsqu'ils savent jouer de l'instrument, ils leur font apprendre les œuvres d'autres poètes, les lyriques, en s'accompagnant de la cithare, et ils forcent ainsi les âmes des enfants à s'approprier les rythmes et les harmonies, pour qu'ils s'apprivoisent et qu'une bonne acquisition du rythme et de l'harmonie les forme à la parole et à l'action ; car c'est toute la vie de l'homme qui a besoin d'être bien rythmée et harmonisée.

Après quoi, on les confie également au maître de gymnastique pour qu'ils mettent des corps mieux entraînés au service de leur intelligence lorsqu'elle est formée, et pour qu'ils ne soient pas forcés de perdre courage à la guerre et ailleurs par la faute de corps chétifs.

Ainsi font ceux qui sont le plus à même de le faire, et les plus à même sont les plus riches : ce sont leurs fils qui commencent à fréquenter l'école le plus tôt et qui la quittent le plus tard.

Lorsqu'ils quittent leurs maîtres, c'est la Cité qui, à son tour, les contraint à apprendre ses lois et à y conformer leur vie comme à un modèle, au lieu de les laisser agir spontanément au hasard, mais sans art : de même que les instituteurs, après avoir esquissé les lettres au stylet, confient l'écriture aux enfants qui ne savent pas encore écrire et les contraignent à suivre le tracé des lettres, de même la Cité a tracé le texte de lois qui sont l'œuvre de bons législateurs des temps anciens et contraint à s'y conformer aussi bien ceux qui ont l'autorité que ceux qui y sont soumis ; et elle corrige qui s'en écarte, aussi chez vous comme un peu partout ailleurs, cette correction s'appelle redressement, parce qu'elle redresse le coupable. Et voilà qu'en présence d'un tel soin, tant public que privé, accordé à la valeur morale, tu t'étonnes, Socrate, en te demandant s'il est possible de l'enseigner. Ce n'est pas de cela qu'il faudrait s'étonner, mais bien plutôt d'une impossibilité de l'enseigner.

Protagoras, 325c-326e

4. UNE ÉDUCATION NOUVELLE : LA DIALECTIQUE COMME CATHARTIQUE

[L'ÉTRANGER-THÉÉTÈTE]

— É. Dans l'enseignement par le discours, il semble qu'il y ait une voie plus raboteuse, tandis que son autre partie est plus unie. — T. Comment qualifierons-nous chacune des deux ? — É. L'une est la vieille méthode de nos pères ; ils en usaient avec leurs fils, et c'est encore ce que beaucoup font aujourd'hui, surtout en les voyant commettre quelque faute, pour une part on rudoie, pour l'autre on exhorte plus doucement ; le tout serait correctement nommé : technique d'admonestation. — T. C'est bien cela. — É. Quant à l'autre, elle est le fait des gens qui pour leur part ont formé la conviction raisonnée que toute ignorance est involontaire et que celui qui croit savoir ne consentira jamais à rien apprendre de ce en quoi il se croit compétent et que l'espèce de l'éducation qui recourt à l'admonestation se donne beaucoup de mal pour obtenir un résultat négligeable. — T. Ils ont bien raison de le penser. — É. Aussi visant à éliminer cette croyance, ils procèdent selon une autre méthode. — T Quelle est-elle donc ? — É. Ils interrogent à fond l'intéressé sur les points où il croit dire quelque chose de valable alors qu'il ne dit rien qui vaille ; après quoi ils n'ont aucune peine à mettre à l'épreuve les opinions de gens en proie à l'errance, ils les confrontent entre elles en les rassemblant en raisonnements et par cette confrontation, ils démontrent qu'elles sont les unes avec les autres, sur les mêmes sujets, sous les mêmes rapports, des mêmes points de vue, contradictoires entre elles. Quand ils s'en aperçoivent, les interlocuteurs s'irritent contre eux-mêmes et se montrent plus accueillants à autrui ; ainsi cette méthode les délivre de la haute et rigide opinion qu'ils se faisaient d'eux-mêmes, et de toutes les délivrances, c'est celle qui procure le plus d'agrément à l'auditeur et le plus de sécurité à celui qui en est l'objet. La conception de ceux qui les soumettent à cette purification est en effet, mon jeune ami, exactement la même que celle des médecins du corps qui en sont venus à penser que le corps ne peut s'assimiler la nourriture qu'on lui procure tant que les obstacles internes ne sont pas évacués ; ils sont arrivés, eux, à la même conclusion à propos de l'âme : elle ne peut tirer aucun bénéfice des enseignements qui lui sont dispensés avant que l'examen critique ait amené celui qui en est l'objet à éprouver de la honte et l'ait débarrassé des opinions qui font obstacle aux enseignements, pour qu'il se voie purifié et pense savoir tout juste ce qu'il sait, mais rien de plus. — T. Du moins est-ce là la meilleure manière d'être, et la plus sensée. — É. C'est bien pour toutes ces raisons, Théétète, qu'il faut tout à la fois proclamer l'examen critique le plus haut et la plus souveraine des purifications, et estimer, que, qui n'y a pas été soumis, fût-il le Grand Roi, reste impurifié des plus grandes souillures, qu'il est inéduqué et disgracié en ce qu'il sied que l'homme ait de plus pur et de plus beau pour être véritablement heureux.

Sophiste, 229d-231e

5. L'ÉDUCATION COMME CONVERSION

[SOCRATE-GLAUCON]

— S. L'éducation n'est point ce que certains de ceux qui en font profession déclarent qu'elle est. Ils me semblent se prétendre capables d'introduire le savoir dans l'âme où il n'est pas à la façon dont on mettrait la vue dans des yeux aveugles. — G. C'est en effet ce qu'ils prétendent. — S. Or ce que signifie notre présent propos, c'est que cette faculté qui réside en l'âme de chacun ainsi que l'organe qui permet à chacun d'apprendre, tel un œil qu'on ne pourrait détourner des ténèbres vers la lumière qu'en tournant tout le corps, c'est avec l'âme tout entière qu'il faut la détourner du devenir jusqu'à ce qu'elle devienne capable de supporter le contemplation de l'être et de ce qu'il y a de plus lumineux dans l'être, c'est-à-dire le Bien, nous en sommes convenus, n'est-ce pas ? — G. Oui. — S. C'est de cela même que l'éducation serait l'art, un art de la conversion : chercher par tous les moyens la méthode la plus aisée et la plus efficace, non pas pour donner la vue à cet organe ; bien plutôt, puisqu'il l'a déjà, mais qu'il n'est pas bien orienté et qu'il ne regarde pas où il faudrait, pour le tourner dans la bonne direction. — G. C'est bien ce qu'il semble. — S. Ainsi, tandis que les autres qualités qu'on attribue à l'âme sont sans doute assez proches de celles du corps, en ceci qu'elle commence par ne pas les avoir, mais finit par les acquérir par l'habitude et l'exercice, l'aptitude à comprendre paraît présenter quelque chose de beaucoup plus divin : d'une part, le pouvoir n'en est jamais perdu, d'autre part, l'orientation qu'on lui donne la rend utile et avantageuse, ou inversement, inutile et nuisible. T'es-tu déjà avisé que, chez ces gens qu'on qualifie de méchants mais de malins, leur petit esprit a le regard perçant et discerne avec acuité ce à quoi il s'applique ? C'est qu'il n'a pas la vue mauvaise, mais il est forcément au service de la méchanceté, ce qui fait que plus il a la vue perçante, plus il fait de mal. — G. C'est tout à fait cela. — S. Pourtant suppose qu'on opère dès l'enfance un esprit de cette nature et qu'on le déleste de ces sortes de masses de plomb apparentées au devenir, dont il a été surchargé par ce dont il se nourrit avec les plaisirs et les raffinements de ce genre et qui tournent le regard de l'âme vers le bas ; supposé qu'on l'en soulage et qu'on le tourne vers les réalités vraies, ce sont celles-ci que le même esprit de ces mêmes gens discernerait avec la même extrême acuité que celle avec laquelle il voit les choses vers lesquelles il est actuellement tourné.

République VII, 518b-519b

6. L'ÉDUCATION ESTHÉTIQUE

a) Chœur et éducation.

[L'ÉTRANGER D'ATHÈNES]

Mon intention est de vous remettre en mémoire ce qu'est, selon nous, l'éducation bien comprise... Je prétends donc que ce que les enfants commencent par ressentir à leur façon, c'est le plaisir et la douleur, et que c'est là le lieu où le vice et la vertu commencent par s'installer dans leur âme, alors que le bon sens et l'assurance des jugements vrais, c'est une chance s'ils adviennent à l'homme, même en sa vieillesse ; du moins leur possession avec tout ce qu'ils comportent de bien est-elle le fait de l'homme accompli. Aussi ce que j'appelle éducation c'est l'acquisition première que les enfants font de la valeur morale que plaisir et amour, douleur et haine viennent à bien s'installer dans leurs âmes à un âge où ils ne sont pas encore capables d'en saisir la raison, puisque, cet âge venu, ces sentiments entrent en harmonie avec cette raison pour avoir été accoutumés par les habitudes convenables, cette harmonie constitue le tout de la vertu ; quant à l'aspect de formation qu'elle comporte en matière de plaisirs et de douleurs en disposant judicieusement à haïr toute sa vie ce qu'il faut haïr, à aimer ce qu'il faut aimer, c'est cet aspect que mon propos distingue pour l'appeler éducation, dénomination correcte à mon sens... La bonne formation des plaisirs et des peines constituant la matière de l'éducation, les hommes au cours de leur vie y portent relâche et atteinte à divers égards. Mais les dieux ont pitié de leur race naturellement vouée à la peine : comme autant de pauses dans leurs travaux, ils ont institué l'alternance de fêtes en leur honneur, leur ont délégué, pour les concélébrer, les Muses, Apollon qui les conduit et Dionysos, afin de les amender et ils les ont gratifiés de modes de vie qui sont nés de fêtes célébrées en compagnie de dieux. La thèse que nous exaltons présentement est-elle pour nous vraie selon la nature ou autrement, c'est ce qu'il nous faut voir. Elle prétend que tout être jeune pour ainsi dire est incapable de maintenir en repos son corps et sa voix, qu'il ne cesse de chercher à remuer et à se faire entendre, soit qu'il saute et bondisse comme s'il dansait de joie et se jouait, soit qu'il émette toutes sortes de cris. Elle soutient, d'autre part, que les autres vivants ne possèdent pas le sens de l'ordre et du désordre dans leurs mouvements, de ce qu'on nomme : rythme et harmonie, alors que, en ce qui nous concerne, ce sont les dieux, dont nous avons dit qu'ils nous avaient été donnés pour danser avec nous, qui, après nous avoir également enseigné le sens du rythme et de l'harmonie unis au plaisir, nous ont mis en branle et se sont faits nos chorèges, nous entrelaçant les uns aux autres par des chants et des danses, ce qu'ils ont appelé chœur, du nom qui convient naturellement à la joie. Commencerez-vous par admettre cela et par poser que la première éducation est l'œuvre des Muses et d'Apollon ? ... Ainsi, pour nous, « privé d'éducation » voudra dire « privé de chœur » et nous dirons qu'il faut tenir pour ayant reçu une éducation, celui qui a une pratique suffisante du chœur.

Lois II, 652b-654b

b) L'éducation par le beau.

[SOCRATE]

Les artistes dont il faut nous mettre en quête, ce sont ceux qu'un heureux don naturel a mis à même de suivre à la piste ce dont la nature est d'avoir valeur de beauté, pour que, tels des gens qui vivent dans un climat sain, les jeunes fassent profit de tout ; pour que, telle la brise venant des contrées salubres apporte la santé, de belles œuvres viennent de toutes parts s'offrir à leurs yeux et à leurs oreilles et insensiblement les amènent dès la prime enfance à imiter, à aimer ce qui est beau dans la raison et à se mettre à son unisson... N'est-ce pas là, Glaucon, ce qui fait la souveraineté de la culture musicale : rien ne pénètre davantage au fond de l'âme que le rythme et l'harmonie, rien ne s'attache plus fortement à elle en apportant la beauté ; elle la rend belle, si du moins elle a été correctement pratiquée, car dans le cas contraire, c'est l'inverse. D'un autre côté, qui l'a pratiquée comme il faut est tout particulièrement sensible à la négligence des œuvres mal travaillées ou mal venues ; c'est à bon droit qu'il s'en détourne avec irritation pour accorder son approbation à celles qui sont belles ; y prenant plaisir et les accueillant en son âme, il s'en nourrit et devient un homme accompli ; c'est à bon droit qu'il dénonce la laideur et la prend en haine, tout jeune encore et avant même d'être capable de raisonner ; et lorsque la raison lui vient, celui qui a reçu une telle culture est tout disposé à lui accorder l'accueil empressé qu'on réserve à une parenté proche.

République III, 401e-402c

7. L'ÉDUCATION SCIENTIFIQUE

a) L'arithmétique.

[SOCRATE-GLAUCON]

— S. Ce que je voulais dire, c'est ceci : il y a des objets qui incitent à penser, d'autres non ; je mettais dans la première catégorie ceux qui donnent lieu à une sensation contenant des impressions qui se contredisent, et je disais des autres qu'ils n'incitent pas à penser. — G. Maintenant je comprends et je t'approuve. — S. Alors, dans quelle catégorie mets-tu le nombre et l'unité ? — G. Je ne sais pas. — S. Voyons, réfléchis à partir de ce que nous venons de dire : si la vue ou un autre sens suffit à saisir l'unité en elle-même, elle n'est pas propre à tirer l'âme vers la réalité, exactement comme nous le disions du doigt ; mais si on y voit toujours en même temps ce qui s'oppose à elle, en sorte qu'elle n'apparaisse pas plus une que multiple, alors un arbitrage s'impose, en ce cas l'âme est obligée d'hésiter et de chercher : mettant en elle-même la réflexion à l'œuvre, il lui faut se demander ce que peut bien être l'unité en soi, et ainsi l'étude de l'unité serait de celles qui incitent l'âme à se tourner vers la contemplation du réel. — G. Mais bien sûr, tel est bien le cas de la vue de l'unité : car nous voyons la même chose aussi bien une qu'infiniment multiple. — S. Mais s'il en est ainsi de l'unité, est-ce qu'il n'en va pas de même pour tout nombre ? — G. C'est certain. — S. Or calcul et arithmétique n'ont d'autre objet que le nombre ? — G. Oui. — S. Il apparaît donc qu'ils sont propres à conduire à la vérité. — G. Extraordinairement propres, assurément. — S. Il semble donc qu'il fassent partie des disciplines dont nous sommes en quête : il faut que l'homme de guerre les apprenne pour ordonner ses troupes, et le philosophe aussi, lui qui doit émerger du devenir pour s'attacher à l'essence, sans quoi il ne deviendra pas capable de raisonner. — G. C'est un fait. — S. Or il se trouve justement que notre gardien de l'Etat est homme de guerre et philosophe. — G. C'est juste. — S. Il conviendrait donc, Glaucon, d'inscrire cette discipline dans la loi, et de convaincre ceux qui sont destinés aux plus hautes fonctions dans l'État de s'adonner à la science du calcul en la pratiquant non de manière vulgaire, mais en poussant jusqu'à la contemplation de la nature des nombres par la pure pensée, pour la mettre non pas au service de la vente et de l'achat comme font négociant et marchand, mais de la guerre, et pour faciliter la conversion de l'âme elle-même, la détourner du devenir et l'orienter vers la vérité et la réalité. [...] Car c'est vers la région supérieure qu'elle donne à l'âme un élan puissant, et elle la force à raisonner sur les nombres en eux-mêmes, en interdisant de faire porter le raisonnement sur des nombres ayant un corps visible ou tangible. Car tu sais sans doute comment se comportent les spécialistes de cette science : si tu te mets à diviser en pensée l'unité elle-même, ils se moquent et s'y refusent ; si tu la morcèles, ils la multiplient, de peur que l'unité perde son unité en apparaissant comme multiplicité de parties. — G. C'est parfaitement exact. — S. Suppose qu'on leur dise : quels sont donc ces nombres sur lesquels vous raisonnez, étonnants savants, en lesquels vous estimez que l'unité est telle que chacune est parfaitement égale à toute autre, sans la moindre différence et sans comporter une partie ? Que crois-tu qu'ils répondraient ? — G. Ils diraient, je suppose, qu'il s'agit de nombres que seule la pensée peut atteindre, et auxquels il est absolument impossible d'accéder autrement. — S. Il y a donc chance, vois-tu, que ce soit pour nous une discipline indispensable, puisqu'il est clair qu'elle oblige l'âme à recourir à la seule intelligence appliquée à la vérité elle-même. — G. Il est certain qu'elle possède éminemment ce pouvoir. — S. Ce n'est pas tout : as-tu déjà remarqué que tandis que ceux qui sont nés avec le don du calcul ne font avec l'âge que gagner en vivacité pour ainsi dire dans toutes les sciences, les esprits lents, s'ils sont formés et entraînés au calcul, y gagnent tous à tout le moins de devenir plus vifs qu'ils ne l'étaient par nature. — G. C'est juste. — S. Sans compter qu'à mon avis il serait difficile de trouver une discipline qui coûte plus d'effort à apprendre et à pratiquer. — G. En effet. — S. Autant de raisons de ne pas la négliger et de la faire cultiver par les meilleures natures.

République VII, 524d-526c

b) La géométrie.

[SOCRATE-GLAUCON]

— S. Dans la mesure où la géométrie a un rapport aux choses de la guerre, il est évident qu'elle nous intéresse : établir un camp, assiéger une place, concentrer et déployer l'armée, mettre une armée en position qu'il s'agisse d'ordre de bataille ou d'ordre de marche, autant d'opérations où celui qui est géomètre est supérieur à celui qui ne l'est pas. Mais à vrai dire, pour tout cela une faible part de géométrie et de raisonnement suffirait. Quant à la partie principale de cette science, celle qui va plus loin, il faut examiner si elle tend à ce qui est le but : faire voir plus facilement l'Idée du Bien. C'est à ce but, avons-nous dit, que tendent toutes les disciplines qui forcent l'âme à se tourner vers ce lieu supérieur où réside le plus heureux de l'Être, qu'elle doit à tout prix contempler. — G. C'est juste. — S. En conséquence, si c'est la réalité que la géométrie force à contempler, elle nous convient ; si c'est le devenir, elle ne nous convient pas. — G. Soit. — S. Il y a au moins une chose que ne nous contesteront pas tous ceux qui ont la moindre pratique de la géométrie, c'est que cette science comporte quelque chose d'entièrement opposé au langage qu'y tiennent ceux qui s'y appliquent. — G. Comment cela ? — S. Il y a quelque chose de passablement dérisoire et futile dans leur langage ; car ils ne cessent de parler comme des gens qui « agissent » et qui se proposent de « faire » : ils parlent de « rendre carré », de « construire sur une ligne donnée », de « juxtaposer », et tout à l'avenant, alors que toute cette science n'est pratiquée que pour une fin spéculative. — G. Absolument. — S. Au surplus, ne faut-il pas convenir de ceci ? — G. De quoi ? — S. Qu'on ne la pratique que pour connaître ce qui existe toujours et non pas ce qui, à un moment donné, vient à être et vient à disparaître. — G. On en convient volontiers, car la géométrie est connaissance de ce qui est toujours. — S. Ainsi elle serait propre à entraîner l'âme vers la vérité, à promouvoir la pensée philosophique en tournant vers le haut un regard que nous avons présentement le tort de diriger vers le bas.

République VII, 526d-527b

c) L'astronomie.

[GLAUCON-SOCRATE]

— G. Es-tu d'avis de retenir en troisième lieu l'astronomie ? — S. Oui certes, car ce n'est pas seulement dans l'agriculture et la navigation qu'il convient d'être mieux averti en matière de saisons, de mois et d'années, mais tout autant dans l'art militaire. — G. Tu m'amuses, car tu as l'air de quelqu'un qui a peur que le vulgaire lui reproche de prescrire l'étude de sciences qui ne servent à rien ! Ce qui compte, si difficile qu'il soit d'y croire, c'est qu'en de telles études il y a chez chacun un organe de l'âme qui se voit purifié et ranimé, organe que les autres occupations avaient abîmé et aveuglé et dont la préservation vaut mieux que celle de milliers d'yeux, car c'est le seul qui permette de voir la vérité. Ceux qui en tombent d'accord partageront ton point de vue sans réserve, mais tous ceux qui ne se sont jamais rendu compte de cela estimeront que tu ne dis rien qui vaille... — S. Maintenant que tu as blâmé l'inconvenance de mon éloge de l'astronomie, je vais la louer en entrant dans tes vues : qu'elle force l'âme à regarder vers le haut et qu'elle la conduise des choses d'ici-bas à celles de là-bas, voilà, je crois, ce qui est évident pour tous. — G. Sans doute pour tous, sauf moi, car tel n'est pas mon avis. — S. Comment cela ? — G. Traitée comme elle l'est de nos jours par ceux qui engagent à philosopher, c'est tout à fait vers le bas qu'elle fait tourner le regard. — S. Que veux-tu dire ? — G. Je crois que tu y vas fort dans ta manière personnelle de concevoir ce qu'est la science des choses d'en haut ; car tu as l'air d'estimer qu'il suffit que quelqu'un acquière quelque connaissance en levant la tête et en regardant le décor d'un plafond pour qu'il contemple en pensée et non de ses yeux. Peut-être ton point de vue est-il bon, et le mien celui d'un sot, mais pour ma part je ne puis concevoir d'autre science qui amène l'âme à regarder en haut que celle qui a pour objet l'être et l'invisible ; si l'on prétend acquérir la connaissance de quelque chose de sensible, que ce soit en regardant vers le haut bouche ouverte ou vers le bas bouche fermée, je nie qu'on ait jamais acquis connaissance ainsi, car de telles choses il n'y a aucune science et je dis que ce n'est pas en haut mais en bas que l'âme regarde en ce cas, lors même qu'on s'instruit en faisant la planche sur terre ou en mer. — S. J'ai ce que je mérite et c'est à bon droit que tu m'as vitupéré. Mais comment disais-tu qu'il faut apprendre l'astronomie, autrement qu'on ne l'apprend de nos jours, pour que son étude serve à notre dessein ? — G. Voici : considérer le décor céleste, dans la mesure même où c'est un décor visible, comme ce qu'il y a de plus beau et de plus exact dans le genre, mais aussi comme très inférieur au décor véritable : des mouvements dont la vitesse réelle et la lenteur réelle se meuvent entre elles et meuvent ce qui s'y trouve dans le nombre vrai et toutes les vraies figures, toutes réalités que peuvent saisir la raison et la pensée, mais non pas le sens de la vue. Es-tu d'un autre avis ? — S. Nullement. — G. Ainsi pour connaître de telles réalités, il faut faire des apparences célestes autant de paradigmes, exactement comme si on trouvait des dessins tracés et élaborés de manière achevée par Dédale ou quelque autre artiste ou peintre : en les voyant, quelqu'un d'expert en géométrie estimerait qu'ils sont d'une très belle exécution, mais trouverait ridicule de les scruter attentivement en vue d'y surprendre la vérité de l'égal, du double ou de quelque autre proportion. — S. Comment ne pas juger la chose ridicule ? — G. Ne crois-tu pas que l'astronome digne de ce nom partagera cette conviction en regardant les mouvements des astres ? Il pensera que le démiurge qui a fait le ciel et ce qu'il contient leur a donné la disposition la plus belle qui puisse convenir à de telles œuvres ; mais le rapport de la nuit au jour, leur rapport au mois, et le rapport des autres astres entre eux aussi bien qu'à tout cela, il jugera absurde de croire que tout cela se produit toujours exactement en même façon sans jamais subir la moindre variation, alors que c'est corporel et visible, et de chercher à toute force d'y trouver la vérité. — S. A t'écouter, c'est bien ce qui me semble. — G. C'est donc en traitant de problème, exactement comme en géométrie, que nous pratiquerons l'astronomie et nous laisserons de côté ce qui se passe au ciel, si nous voulons que la vraie manière de comprendre l'astronomie tire partie de ce qui dans notre âme est naturellement intelligent au lieu de le laisser sans emploi. — S. Tu assignes à l'astronomie une tâche bien plus compliquée que celle à laquelle elle se livre de nos jours.

— G. Je crois, pour ma part, qu'il faut en user de même à l'égard des autres disciplines pour que notre législation ait quelque utilité.

République VII, 527d-528a et 528e-530c

d) La science de l'harmonie.

[SOCRATE-GLAUCON]

— S. Je pense que le mouvement comporte non pas une seule espèce, mais plusieurs. Sans doute un savant serait-il à même de les citer toutes, mais deux d'entre elles sont évidentes même pour nous. — G. Lesquelles ? — S. Outre la précédente, une autre lui fait pendant. — G. Laquelle ? — S. Il est probable que de même que l'astronomie a été assignée aux yeux, de même le mouvement harmonique l'a été aux oreilles, et que ces sciences sont sœurs, comme le prétendent les Pythagoriciens et comme nous l'admettrons avec eux, sauf si tu es d'un autre avis. — G. Nullement. — S. Ainsi, comme ce n'est pas une mince affaire, nous leur emprunterons des informations là-dessus et sur autre chose, le cas échéant, sans pour cela perdre de vue ce dont nous avons fait notre principe. — G. Lequel ? — S. Que ceux dont nous prenons l'éducation en charge aillent jusqu'au bout des études que nous leur faisons entreprendre et parviennent à la fin où tout doit aboutir, comme nous venons de l'exposer dans le cas de l'astronomie. Car sais-tu que l'harmonie n'est pas mieux traitée ? Tout comme les astronomes, les savants y perdent aussi leur temps à mesurer les uns par les autres les accords et les sons que l'oreille perçoit. — G. Il est de fait, pardieu, qu'ils se ridiculisent à dénommer je ne sais quelles trilles et à tendre l'oreille comme s'ils guettaient la conversation des voisins ; les uns prétendent qu'ils entendent encore un son entre deux autres et que c'est là le plus petit intervalle qui doit servir de mesure, les autres le contestent et disent qu'il est semblable aux précédents, les uns comme les autres faisant passer l'oreille avant l'esprit. — S. Ah ! toi tu parles de ces braves musiciens qui tracassent les cordes et les mettent à la torture en les tordant sur les chevilles. Pour ne pas surcharger le tableau en y ajoutant les coups de plectre et les griefs adressés aux cordes qui refusent le son ou l'exagèrent, car ce n'est pas à ces gens-là que je m'en prends mais à ceux dont nous avions convenu de faire nos informateurs. Ils font la même chose que les astronomes : ils cherchent les nombres dans ces accords que l'oreille entend, au lieu d'accéder aux problèmes qui imposent d'examiner quels nombres sont harmoniques, lesquels ne le sont pas, et en chaque cas, pourquoi. — G. C'est une tâche surhumaine que tu désignes là ! — S. C'est une tâche indispensable à la recherche du beau et du bien ; hors de là elle est inutile.

République VII, 530c-531c

e) L'éducation scientifique, prélude à la dialectique.

[SOCRATE-GLAUCON]

— S. A mon sens, c'est seulement si l'étude méthodique des sciences que nous venons de passer en revue accède à ce qui fait leur communauté à toutes et leur parenté, à la découverte raisonnée de ce qui les apparente, qu'elle en tirera quelque profit pour la discipline que nous avons en vue ; sinon, ce sera peine perdue. — G. J'en augure comme toi, mais c'est là un travail considérable. — S. C'est pourtant uniquement celui qu'exige le prélude ; car voyons bien que tout cela n'est que le prélude à l'air lui-même, qu'il faut apprendre ; tu ne crois tout de même pas que ceux qui sont versés dans ces sciences sont dialecticiens ? — G. Pardieu non, il y en a fort peu parmi ceux que j'ai rencontrés. — S. Or des gens incapables de donner et de rendre raison sauront-ils jamais rien de ce que nous prétendons qu'il faut savoir ? — G. Je ne le crois pas non plus. — S. N'est-ce pas là, Glaucon, l'air lui-même que la dialectique se charge de jouer ? certes c'est un intelligible, mais la faculté de voir nous en procure l'image lorsqu'elle tourne le regard, comme nous l'avons vu, d'abord vers les vivants, puis vers les astres, enfin vers le soleil lui-même. De même que ce parcours accède à la cime du monde visible, de même lorsqu'on entreprend dans la dialectique, sans recourir à aucune sensation, d'accéder par la raison à ce que chaque chose est en elle-même et qu'on n'a de cesse avant d'avoir atteint par la seule intelligence intuitive ce que le Bien est en lui-même, on parvient à la cime du monde intelligible. — G. Parfaitement. — S. N'est-ce pas cette démarche que tu qualifies de dialectique ? — G. Assurément. — S. Délivrance des liens et conversion qui fait passer des ombres aux images et à la lumière, ascension qui fait monter du fond de la caverne vers le soleil ; à ce stade, regard qui, faute de pouvoir se tourner vers les vivants, les plantes et la lumière du soleil, se dirige sur les divines imitations que reflètent les eaux et sur les ombres que portent les choses, et non plus cette fois sur les ombres des fantômes que projette une lumière non moins fantomatique si on la compare à celle du soleil — telle est l'étendue du pouvoir de cette discipline des sciences que nous avons passées en revue : elle élève ce qu'il y a de meilleur dans l'être, exactement comme nous venons de voir ce qu'il y a de plus lumineux dans le corps s'élever à la contemplation de ce qu'il y a de plus lumineux dans le lien corporel et visible.

République VII, 531c-532d

f) Le cursus de l'éducation.

[SOCRATE-GLAUCON]

— S. C'est dès l'enfance qu'il faut enseigner tout ce qui touche au calcul, à la géométrie, et tout ce qui constitue la propédeutique indispensable à la dialectique, en donnant à l'enseignement une forme telle qu'il n'y ait aucune contrainte d'apprendre. — G. Pourquoi donc ? — S. Parce qu'il faut que l'homme libre n'apprenne aucun savoir en esclave. Car si les travaux corporels imposés de force ne causent aucun dommage au corps, l'enseignement qu'on impose de force à l'âme n'y reste pas. — G. C'est vrai. — S. Ainsi, mon cher, ce n'est pas dans la violence, mais dans le jeu qu'il faut instruire les enfants, pour être à même de mieux discerner l'aptitude naturelle de chacun. — G. Tu as raison. — S. Si tu t'en souviens, nous avons dit qu'il faut conduire les enfants à cheval au spectacle de la guerre ; si c'est possible sans danger, les approcher de la mêlée et leur faire goûter le sang, comme aux jeunes chiens. — G. Je m'en souviens. — S. Celui qui se montrera le plus agile en tous ces travaux, enseignements et périls, il faut le sélectionner. — G. À quel âge ? — S. À l'âge où cessent pour eux les exercices physiques obligatoires ; car tout ce temps, pendant deux ou trois ans, il est impossible qu'ils fassent autre chose, fatigue et sommeil étant ennemis des études. C'est en même temps un moyen, et non le moindre, de révéler la valeur de chacun dans les exercices physiques. — G. En effet. — S. Passé ce temps, ceux des jeunes de vingt ans qu'on aura sélectionnés recevront des distinctions supérieures à celles des autres, et une récapitulation des connaissances acquises sans ordre dans leur éducation d'enfance s'impose pour leur donner la vision d'ensemble des liens de parenté qu'elles entretiennent entre elles et avec la nature de l'être. — G. Il est certain que ce savoir est le seul qui soit assuré dans l'esprit de ceux qui l'ont acquis. — S. Et c'est l'épreuve principale permettant de discerner le naturel dialectique, car seul celui qui est capable de prendre une vue d'ensemble est dialecticien. — G. J'en tombe d'accord. — S. Voilà donc ce qu'il te faudra examiner ; les meilleurs à cet égard, solides en connaissances, solides à la guerre et dans ce que la loi prescrit de reste, ceux-là, au sortir de la trentaine, après les avoir triés parmi les présélectionnés, il te faudra les élever aux plus hautes distinctions et discerner au moyen d'une mise à l'épreuve par le pouvoir dialectique, lequel est capable, en renonçant à se servir de ses yeux et de tout autre sens, d'accéder en vérité à l'être lui-même.

République VII, 536d-537d

IV. RHÉTORIQUE ET SOPHISTIQUE

A. QU'EST-CE QUE LA RHÉTORIQUE ?

1. LA RHÉTORIQUE COMME FAUSSE SCIENCE

[SOCRATE-PHÈDRE]

— S. En somme, la rhétorique ne serait-elle pas un art de conduire les âmes au moyen des discours, non seulement dans les tribunaux et toutes les autres assemblées publiques, mais également dans les réunions privées ; art identique, que les sujets soient grands ou petits, et dont la pratique n'est en rien plus estimable, si du moins elle est correcte, dans les matières sérieuses que dans celles qui sont futiles. N'est-ce pas ainsi que tu en as entendu parler ? — P. Pas exactement, car c'est surtout dans les procès qu'on parle et qu'on écrit selon les règles de l'art ; c'est également ainsi qu'on parle dans les assemblées du peuple ; mais ailleurs, je ne l'ai jamais entendu dire... — S. Dis-moi, au tribunal, que font les parties adverses ? est-ce qu'elles ne se livrent pas à la controverse ? — P. Si fait. — S. Sur ce qui est juste et qui ne l'est pas ? — P. Oui. — S. N'est-il pas vrai que celui qui fait cela avec art fera paraître la même chose, aux mêmes gens, tantôt juste, tantôt injuste, à son gré ? — P. Sans doute. — S. Et s'il parle au peuple, il fera que les mêmes choses paraissent à la cité tantôt bonnes, tantôt tout le contraire ? — P. C'est vrai. — S. Et le Palamède d'Élée, ne savons-nous pas qu'il parlait avec tant d'art qu'il faisait paraître à ses auditeurs les mêmes choses semblables ou dissemblables, une ou multiples, en repos ou en mouvement ? — P. Si. — S. Alors ce n'est pas seulement au tribunal et à l'assemblée du peuple que la controverse trouve place, mais pour tous les usages du langage, ce serait un seul et même art (à supposer qu'il existe) qui permettrait de rendre n'importe quoi semblable à n'importe quoi, dans tous les cas où c'est possible et de percer à jour celui qui se livre subrepticement à ce genre d'assimilation. — P. À quoi tend ton propos ? — S. Voici, je crois, un examen qui le fera voir : l'illusion naît-elle plus facilement dans les choses qui diffèrent beaucoup ou dans celles qui diffèrent peu ? — P. Dans celles qui diffèrent peu. — S. Il est bien certain que tu dissimuleras mieux ton passage au côté opposé si tu te déplaces à petits pas que si tu le fais à grands pas. — P. Bien sûr. — S. Par conséquent, qui veut tromper autrui sans se tromper soi-même doit discerner exactement similitudes et différences réelles. — P. C'est indispensable. — S. Mais sera-t-on capable, si on ignore la vérité de chaque chose, de discerner parmi les autres choses la similitude, qu'elle soit grande ou petite, de celles qu'on ignore ? — P. Ce sera impossible. — S. Il est donc évident que ceux dont les opinions sont contraires à la réalité et qui se font illusion sont victimes de certaines similitudes ? — P. C'est bien ce qui se passe. — S. Est-il donc possible qu'on ait l'art du déplacement insensible, faisant chaque fois passer de la vérité à son contraire, sans être soi-même dupe, si on ignore l'essence de chaque chose ? — P. En aucun cas. — S. Mais alors, mon cher, celui qui ignore la vérité et dont le seul gibier fut l'opinion, c'est, semble-t-il, un art dérisoire et inopérant qu'il possédera !

Phèdre, 261a-262c

2. LA RHÉTORIQUE COMME FLATTERIE

[SOCRATE-GORGIAS]

— S. À mon avis, Gorgias, la rhétorique est une pratique qui n'a rien d'un art, mais qui exige une âme douée d'imagination, de hardiesse, et d'une grande habileté naturelle dans le commerce des hommes, pour ma part, j'en désigne l'essentiel comme *flatterie*. En ce genre de pratique, je distingue de nombreuses autres espèces ; l'une d'elles est la cuisine ; elle passe pour un art, mais à mon sens, elle n'a rien d'un art, c'est un savoir-faire et une routine. En ce genre de la flatterie, je désigne comme autres espèces : la rhétorique, la toilette et la sophistique, les quatre espèces se rapportent à quatre objets. [...] Je vais essayer de te dire ce qu'est à mes yeux la rhétorique... Il y a bien une chose que tu appelles le corps et une autre que tu appelles l'âme ? — G. Assurément. — S. Or tu admets que chacune a son bien-être ? — G. Oui. — S. Ce bien-être peut être apparent et non réel ? Ainsi nombre de gens ont l'air en bon état physique et pour s'apercevoir qu'il n'en est rien, il faut être médecin ou pédotribe. — G. C'est vrai. — S. Je m'attache à ce qui, dans le corps et dans l'âme, fait paraître le corps et l'âme en bon état, alors qu'il n'en est rien... Cela admis je vais te montrer plus clairement, si je peux, ce que je veux dire. Je prétends que deux arts s'appliquent à ces deux réalités : je donne le nom de la politique à celui qui s'applique à l'âme ; je ne puis en même façon te citer un nom unique pour celui qui s'applique au corps, mais dans l'unité de l'art de soigner le corps, je désigne deux espèces : la gymnastique et la médecine ; dans l'art politique, je distingue l'art législatif, qui correspond à la gymnastique et l'art judiciaire qui correspond à la médecine. Assurément, en tant qu'ils ont même objet les deux arts de chaque groupe ont quelque chose en commun : la médecine avec la gymnastique, l'art judiciaire avec l'art législatif ; ils n'en diffèrent pas moins entre eux. Voilà donc quatre arts, visant à soigner au mieux les uns le corps, les autres l'âme ; la flatterie s'en aperçut ; je ne veux pas dire qu'elle en eut connaissance, mais elle le devina ; elle se divisa elle-même en quatre et s'insinua sous chacune des quatre espèces et se fit passer pour ce en quoi elle s'insinuait ; de ce qui vaut le mieux, elle n'a cure ; c'est toujours de l'agréable qu'elle use comme appât pour piéger la sottise, et c'est ainsi qu'elle s'attire la plus grande considération. C'est ainsi que la cuisine a contrefait la médecine et fait accroire qu'elle connaît des aliments qui conviennent le mieux au corps ; à tel point que si cuisinier et médecin étaient mis en compétition devant les enfants ou des hommes aussi déraisonnables que les enfants, pour décider lequel sait le mieux la valeur des aliments, c'est le médecin qui mourrait de faim ! Voilà ce que j'appelle flatterie et que je vilipende comme visant à l'agréable sans souci du meilleur. Et je prétends qu'elle n'est pas un art, mais un savoir-faire parce qu'étant incapable d'expliquer à l'intéressé la nature de ce qu'elle propose, elle n'en peut dire la cause ou l'effet. Or je refuse le nom d'art à une pratique irraisonnée. Si tu contestes, je suis prêt à te rendre raison. Je reprends : sous la médecine, la flatterie qu'on trouve, c'est la cuisine ; de même sous la gymnastique, la parure, pratique malfaisante, mensongère, basse et vulgaire, qui use des formes, des couleurs, du vernis et du vêtement pour tromper, usurpation d'une beauté d'emprunt par négligence de la beauté authentique procurée par la gymnastique. Pour être bref, je vais user du langage des géomètres qui te permettra peut-être de mieux me suivre : ce que la parure est à la gymnastique, la cuisine l'est à la médecine ; ou plutôt ce que la parure est à la gymnastique, la sophistique l'est à l'art législatif, et ce que la cuisine est à la médecine, la rhétorique l'est à l'art judiciaire. Je viens de dire quelles différences de nature les séparent ; mais, d'autre part, leur proximité fait que rhéteurs et sophistes se confondent dans le même domaine et sur les mêmes sujets, à qui a-t-on affaire ? ni eux-mêmes, ni les autres ne sauraient le dire.

Gorgias, 463a-465c

3. IL N'EST DE RHÉTORIQUE QUE PHILOSOPHIQUE

[PHÈDRE-SOCRATE]

— P. Mais alors, Socrate, le véritable art de parler et de persuader, comment et où peut-on l'acquérir ? — S. Vraisemblablement et sans doute même nécessairement, mon cher Phèdre, il en va de la capacité de devenir orateur accompli dans la discussion comme des autres choses : si la nature t'a doué du talent oratoire, à la condition d'y ajouter la science et l'exercice, tu seras orateur apprécié ; mais que l'une de ces choses te fasse défaut, du même coup tu seras un orateur imparfait. Quant à l'art que cela comporte, à mon avis, ce n'est pas le chemin suivi par Lysias et Thrasymaque qui peut y conduire. — P. Mais alors quel chemin faut-il prendre ? — S. Il est tout à fait vraisemblable, mon cher, qu'entre tous, c'est Périclès qui a atteint la plus haute perfection dans l'art oratoire. — P. Pourquoi ? — S. « Bavardage et visions en l'air sur la nature » doivent s'ajouter à toutes les grandes techniques, car il semble bien que ce soit de là que proviennent leur sublimité et leur parfait accomplissement. C'est bien ce que Périclès ajoute à son don naturel : pour avoir rencontré en Anaxagore un homme de cette espèce, après s'être empli de « visions en l'air » et être venu à la nature de l'intelligence et de ce qui est dépourvu d'intelligence, sujets amplement traités par Anaxagore, il en tira ce qui est approprié à l'art des discours. — P. Comment l'entends-tu ? — S. Le procédé de l'art médical est sans doute exactement le même que celui de la rhétorique. — P. Mais encore ? — S. Dans les deux cas il faut analyser une nature, dans l'un, celle du corps, dans l'autre, celle de l'âme, si, au lieu de se contenter de la routine et de l'expérience, on veut recourir à l'art pour procurer au corps santé et vigueur en lui administrant remèdes et nourriture, et pour inculquer à l'âme la conviction et l'excellence qu'on veut y voir en lui imposant propos et pratiques réglés. — P. Il est au moins vraisemblable qu'il en soit ainsi, Socrate. — S. Mais crois-tu qu'il soit possible de comprendre valablement la nature de l'âme sans comprendre celle de l'univers ? — P. S'il faut en croire Hippocrate, lui qui descend d'Asclépios, sans cette méthode, il n'est même pas possible de comprendre la nature du corps. — S. Il parle d'or, mon ami. Pourtant, outre Hippocrate, il faut consulter la raison et examiner si leurs dires s'accordent. — P. J'en conviens. — S. Examine donc ce que peuvent dire sur la nature Hippocrate et la droite raison. Pour concevoir la nature de quoi que ce soit, ne faut-il pas s'y prendre de la façon que voici : en premier lieu, l'objet sur lequel nous voudrons devenir compétents nous-mêmes et capables de rendre autrui compétent, est-il simple ou complexe ? en second lieu, s'il est simple, en examiner la propriété : quelle est celle qu'il possède naturellement d'agir, relativement à quoi, ou laquelle d'être affectée par quoi ? Si l'objet comporte une pluralité d'espèces, après les avoir dénombrées, voir pour chacune ce qu'on voyait dans le cas précédent de l'objet simple : par quoi est-il dans sa nature de produire quoi, ou bien par quoi de subir quoi de la part de quoi ? — P. Il se peut, Socrate. — S. Ce qu'il y a de sûr, en tout cas, c'est que sans cela la méthode ressemblerait tout à fait à une démarche d'aveugle. Or ce n'est certes pas à un aveugle ou à un sourd qu'il faut comparer celui qui aborde méthodiquement quoi que ce soit ; il est au contraire évident que pour enseigner méthodiquement les discours à quelqu'un, on lui fera voir avec exactitude en sa réalité essentielle la nature de l'objet auquel il rapportera ses discours. Or cet objet sera sans doute l'âme. — P. Sans doute. — S. C'est bien vers cet objet que tend tout son effort, car c'est en lui qu'il se propose d'engendrer la persuasion, n'est-ce pas ? — P. Oui. — S. Il est donc évident que quiconque voudra enseigner sérieusement la rhétorique, premièrement, décrira l'âme avec une parfaite exactitude et fera voir si par nature elle est une et identique ou si elle est multiforme comme le corps (c'est ce que nous appelons montrer la nature d'une chose). Deuxièmement, il fera voir par quoi elle produit naturellement une action et laquelle, ou en quoi elle est naturellement affectée et sous l'action de quoi. Troisièmement, après avoir classé les espèces des discours et celles de l'âme, ainsi que leurs caractères, il recensera les causes, en établissant les correspondances et en enseignant par quels discours, en vertu de quelle cause, il est nécessaire que telle âme soit persuadée, telle autre non.

Phèdre, 269c-271b

B. QU'EST-CE QUE LA SOPHISTIQUE ?

1. QU'EST-CE QU'UN SOPHISTE ?

[SOCRATE-HIPPOCRATE]

— S. Tu es sur le point de confier le soin de ton âme à un homme qui est, dis-tu, un sophiste ; mais que peut bien être un sophiste, je serais étonné que tu le saches. Pourtant si tu l'ignores, c'est que tu ne sais pas à qui tu confies ton âme, ni si tu la livres au bien ou au mal. — H. Je crois le savoir. — S. Alors dis-moi ce que c'est, selon toi, qu'un sophiste. — H. Pour moi, comme le nom l'indique, c'est un homme qui a la connaissance de choses savantes. — S. Mais on peut en dire autant des peintres et des architectes, ce sont des gens qui ont la connaissance de choses savantes. Mais si on nous demandait de quelles choses savantes les peintres ont la connaissance, nous répondrions sans doute que c'est des choses qui concernent l'exécution des images, et ainsi de suite. Et si l'on nous demandait : et le sophiste, de quelles choses savantes a-t-il la connaissance ? en quelle exécution est-il expert ? — H. Que dirions-nous, Socrate, sinon qu'il est expert à rendre habile à parler ? — S. Réponse correcte, peut-être, mais encore insuffisante puisqu'elle appelle une nouvelle question : de quoi rend-il habile à parler ? Ainsi le cithariste rend habile à parler sur l'art qu'il enseigne, celui de la cithare, n'est-il pas vrai ? — H. Si. — S. Bien ; mais le sophiste sur quoi rend-il habile à parler ? évidemment sur ce qu'il sait ? — H. Sans doute. — S. Mais quelle est donc cette chose en laquelle il est savant lui-même et en laquelle il rend savant son disciple ? — H. Par Zeus, je ne suis plus capable de te répondre. — S. Mais alors sais-tu bien à quel risque tu es sur le point d'exposer ton âme ? S'il te fallait confier ton corps à quelqu'un, avec le risque d'un bon ou d'un mauvais résultat, tu délibérerais longuement sur le parti à prendre, tu consulterais tes amis et tes proches, tu passerais bien des jours à réfléchir ; et pour quelque chose que tu mets bien au-dessus de ton corps, pour ton âme, dont dépend tout ton bonheur ou ton malheur, selon qu'elle sera bonne ou mauvaise, s'agissant d'elle, tu ne consultes ni père ni frère ni aucun de tes amis, pour décider s'il faut ou non la confier à cet étranger nouveau venu ; tu apprends le soir son arrivée, et dès le lendemain matin, sans réfléchir ni consulter sur le parti à prendre, te voilà prêt à donner ton argent et celui de tes amis, en homme qui sait pertinemment qu'il faut se confier sans réserves à Protagoras que tu ne connais pas, tu l'avoues, à qui tu n'as jamais adressé la parole, que tu appelles sophiste alors que manifestement tu ne sais pas ce que peut bien être ce sophiste, à qui tu es sur le point de te confier. — H. Cela paraît bien ressortir de ce que tu dis, Socrate. — S. Est-ce que par hasard, Hippocrate, le sophiste ne serait pas un négociant ou un commerçant en denrées dont l'âme se nourrit ? Du moins, pour ma part, c'est ainsi qu'il m'apparaît. — H. Mais quelle est donc cette nourriture de l'âme ? — S. C'est certainement les connaissances. Et il est à craindre que le sophiste ne nous trompe en nous vantant sa marchandise, tout comme le négociant ou le commerçant avec la nourriture du corps. Ceux-ci ignorent ce qui dans les denrées qu'ils vendent est bon ou mauvais pour le corps, ils vantent tout ce qu'ils vendent et les acheteurs n'en savent pas davantage, à moins d'être gymnastes ou médecins. De même ces gens qui colportent les connaissances de ville en ville, en gros ou en détail, à qui en désire : ils vantent tout ce qu'ils vendent, alors qu'il s'en trouve peut-être qui ignorent ce qui est bon et ce qui est mauvais pour l'âme, et les acheteurs ne le savent pas davantage, à moins de se trouver experts en médecine de l'âme. Donc s'il se trouve que, toi, tu sais ce qui s'y trouve de bon et de mauvais, tu peux sans danger acheter des connaissances chez Protagoras ou chez tout autre ; sinon, prends garde à ne pas risquer sur un coup de dés le sort de ton bien le plus précieux. Car le risque est même beaucoup plus grand quand on achète des sciences que quand on achète des aliments. Aliments et boissons achetés au négociant ou au commerçant peuvent être emportés dans des récipients, que l'on peut déposer chez soi avant que le corps les absorbe en mangeant et en buvant, et il est loisible de convoquer quelqu'un qui sait ce qui est mangeable ou buvable et ce qui ne l'est pas, en quelle quantité et à quel moment, de sorte que l'achat ne comporte pas grand risque. Or les connaissances, on ne peut les emporter dans un récipient à part ; mais sitôt payé, le savoir est accueilli et mis dans l'âme, et quand on s'en va, le bien ou le mal est fait.

Protagoras, 312c-314b

2. UN SOPHISTE DÉFINIT SON ART

[PROTAGORAS-SOCRATE]

— P. Je soutiens pour ma part que l'art sophistique est ancien, mais que ceux des Anciens qui l'ont pratiqué, craignant ce qu'il a d'importun, se sont fait un prétexte et un masque ; les uns, la poésie : Homère, Hésiode, Simonide ; d'autres, tels Orphée et Musée, les initiations et les prophéties ; j'en vois même certains qui ont choisi la gymnastique, comme Iccos de Tarente et ce sophiste contemporain qui ne le cède à aucun autre, Hérodicos de Sélymbrie, ci-devant de Mégare ; c'est de la musique qu'a pris prétexte votre compatriote Agathocle, grand sophiste, de même Pythoclide de Céos et beaucoup d'autres. C'est par crainte de l'envie, j'y insiste, que tous ces hommes se sont fait un masque de ces techniques. Mais pour ma part, je ne partage pas leur point de vue là-dessus, car j'estime qu'ils n'ont pas atteint la fin qu'ils visaient : leurs déguisements ne les ont pas dissimulés aux regards de ceux auxquels ils prétendaient se dérober, ceux qui exercent le pouvoir dans les États ; car la foule, elle, autant dire qu'elle ne s'aperçoit de rien : elle célèbre ce que ceux-ci proclament. Or celui qui cherche à se dérober, n'y parvient pas et se fait démasquer, commet une grande folie : il est inévitable que les gens lui en veuillent encore davantage, car ils lui font en plus grief de fourberie. Aussi, pour ma part, j'ai pris la direction opposée : je reconnais que je suis un sophiste et que j'éduque les gens ; reconnaissance plutôt que dénégation, la précaution est à mes yeux plus sûre ; quelques autres précautions m'ont permis de n'avoir pas à souffrir de reconnaître que je suis un sophiste. [...]

Hippocrate, en venant me trouver, n'aura pas à craindre ce que lui aurait fait subir la fréquentation de quelque autre sophiste ; car les autres maltraitent les jeunes ; contre leur gré, ils les poussent aux savoirs techniques qu'ils fuyaient, en leur enseignant calcul, astronomie, géométrie, musique — en disant cela, il lançait un coup d'œil en direction d'Hippias — tandis qu'auprès de moi il ne trouvera d'autre enseignement que celui qu'il est venu chercher. Ce que j'enseigne, c'est le bon conseil en matière d'affaires privées : celui qui permet de gérer au mieux sa propre maison — et en matière d'affaires publiques : celui qui permet de montrer par la parole et par l'action le plus d'efficacité dans les affaires de l'État. — S. Ai-je bien suivi ton propos : c'est de l'art politique que tu parles, et tu promets de former de bons citoyens ? — P. C'est cela même, Socrate : tel est l'engagement que je prends publiquement.

Protagoras, 316d-317c et 318d-319a

C. VERTU POLITIQUE ET ENSEIGNEMENT

1. LA VERTU POLITIQUE PEUT-ELLE S'ENSEIGNER ?

[SOCRATE]

Beau savoir que le tien, Protagoras, si du moins tu le possèdes ; car à te dire le fond de ma pensée, je ne croyais pas que cela se pût enseigner et, d'autre part, je me sens incapable de mettre ta parole en doute. D'où m'est venue la conviction que cela ne s'enseigne pas, que ce n'est pas une chose que des hommes puissent procurer à d'autres hommes, il est juste que je te le dise. Je m'accorde avec les autres Grecs à voir dans les Athéniens des gens avisés. Or, à chaque réunion de l'Assemblée, je vois que lorsque l'État doit entreprendre des constructions, ce sont les architectes qui sont appelés en consultation, ceux de la construction navale, s'il s'agit de navires, et ainsi du reste, dans tous les cas où on estime qu'il s'agit de choses qui s'apprennent et qui s'enseignent ; et s'il arrive que quelqu'un d'autre, qui n'est pas considéré comme un professionnel, se mêle de donner son avis, quelle que soit sa valeur, sa richesse, sa noblesse, il n'en est pas mieux accueilli pour cela : on le moque, on fait du tapage jusqu'à ce que l'orateur cède au tumulte, ou qu'à l'injonction des prytanes, les gardes l'aient arraché à la tribune et expulsé. Telle est la réaction quand on estime que le sujet est d'ordre technique. Mais s'il faut délibérer sur une question qui concerne le gouvernement de l'État, alors n'importe qui se lève pour donner son avis : charpentier, forgeron, cordonnier, négociant ou marin, riche ou pauvre, noble ou roturier, et nul ne leur reproche, comme dans le cas précédent, de se mêler de donner conseil sans avoir jamais appris d'aucune source, ni avoir été l'élève de personne. C'est que, de toute évidence, on estime que cela ne s'enseigne pas. Bien plus, ce n'est pas seulement dans le domaine des affaires publiques qu'il en va ainsi : dans le privé, les plus habiles et les meilleurs citoyens d'entre nous sont incapables de transmettre aux autres l'excellence qu'ils ont en partage. Ainsi Périclès, le père des jeunes gens que voici, les a parfaitement éduqués en tout ce qui relève de l'enseignement des maîtres ; mais quant à ce à quoi il excelle pour son propre compte, en ce domaine il ne se charge pas plus lui-même de leur éducation qu'il n'en confie le soin à quelqu'un d'autre : ils paissent en liberté comme bétail sacré, leur rencontre de cette nature étant laissée au hasard. Veux-tu que je te cite Clinias, frère cadet d'Alcibiade ici présent ? le même Périclès, son tuteur, craignant qu'Alcibiade ne le pervertisse, l'en sépara et confia son éducation à Ariphron : avant six mois écoulés, ce dernier le lui rendit, ne sachant qu'en faire. Et je puis te citer nombre d'hommes de grande valeur personnelle qui n'ont jamais pu améliorer aucun de leurs proches ni aucun étranger. À voir cela, j'en suis venu à penser que la valeur ne s'enseigne pas ; mais à t'écouter parler, je suis ébranlé et, en songeant à l'étendue de ton expérience, à tout ce que tu as appris d'autrui et trouvé par toi-même, j'en viens à croire que tu as raison. Aussi, si tu es à même de nous démontrer plus clairement que la valeur peut s'enseigner, ne nous refuse pas cette démonstration.

Protagoras, 319a-320c

2. QUE LA VERTU POLITIQUE S'ENSEIGNE ET S'ACQUIERT SELON LES RHÉTEURS ET LES SOPHISTES

[PROTAGORAS]

C'est à bon droit, je le prétends, que les Athéniens admettent tout homme à donner son avis sur la justice, parce que tout homme a part à cette vertu. Je vais essayer, au surplus, de te démontrer qu'ils estiment que ce n'est ni un don de la nature, ni un effet du hasard, mais que cette vertu s'enseigne et que ceux qui la possèdent l'ont acquise par l'exercice. Quand il s'agit des défauts que les hommes s'imputent entre eux comme naturels ou accidentels, personne ne s'irrite contre ceux qui en sont atteints ; on ne leur prodigue ni conseils, ni leçons, ni châtiments pour les en délivrer : on les plaint. Ainsi qui serait assez fou pour user de tels procédés à l'endroit des gens qui sont laids, petits ou débiles ? à mon avis, c'est que l'on sait qu'en ce domaine, les hommes tiennent leurs qualités et leurs défauts de la nature et du hasard. Mais quand il s'agit de qualités qu'on estime pouvoir être acquises par l'application, l'exercice et l'enseignement, si elles manquent à un homme qui a les défauts contraires, c'est alors que surviennent colères, châtiments et exhortations. Au nombre de ces défauts, on compte l'injustice, l'impiété et de façon générale tout ce qui est contraire à la vertu politique. Si sur ce point, personne n'épargne à personne colère et exhortation, c'est avec l'idée que cette vertu s'acquiert par l'exercice et l'enseignement.

Si tu veux bien, Socrate, réfléchir à ce que signifie le fait de châtier les gens qui commettent des injustices, à lui seul il apprendra que les hommes regardent la vertu comme quelque chose qui s'acquiert. En effet nul ne châtie les gens injustes en considération et en raison du simple fait qu'ils ont été injustes, à moins de se venger déraisonnablement comme une bête. Celui dont le projet de châtier est raisonné n'est pas quelqu'un qui tire vengeance d'une injustice accomplie, car il ne saurait faire que ce qui a été fait ne soit pas, mais il regarde à l'avenir, pour éviter le retour de l'injustice tant de la part du coupable que du témoin du châtiment, et celui qui raisonne ainsi a dans l'idée que la vertu donne matière à éducation : c'est bien à tout le moins en vue de dissuader qu'il châtie. Telle est donc l'opinion de tous ceux qui font un usage privé ou public des punitions ; tous les autres hommes punissent et châtient ceux qu'ils estiment coupables d'injustice, et tes concitoyens Athéniens en font autant, de sorte qu'il faut conclure que les Athéniens sont de ceux qui pensent que la vertu s'acquiert et s'apprend. Ainsi, que tes concitoyens aient raison d'accueillir les avis du forgeron et du cordonnier en matière politique, et qu'ils pensent que la vertu s'enseigne et s'acquiert, c'est ce qu'il me semble, Socrate, t'avoir suffisamment démontré.

Protagoras, 323b-324d

3. LE MYTHE DE PROTAGORAS : LA CAPACITÉ POLITIQUE N'EST PAS UNE SPÉCIALITÉ

[PROTAGORAS]

Le jour fixé par le destin pour que l'homme sorte de la terre et paraisse à la lumière étant venu, Prométhée voit tous les autres vivants bien pourvus à tous égards, et l'homme nu, sans chaussures, sans vêtements, sans armes. Ne sachant trop que trouver pour assurer la sauvegarde de l'homme, il vole à Héphaïstos et Athéna l'habileté technique ainsi que le feu, car sans feu, impossible d'acquérir ni d'user de cette habileté, et c'est ainsi qu'il en fait don à l'homme. L'homme acquit ainsi l'art qui permet de vivre, mais non pas l'art politique. Car celui-ci était chez Zeus, et Prométhée n'avait plus le temps de pénétrer dans l'acropole où Zeus demeure, et dont au surplus les gardes étaient redoutables. Mais il pénètre sans être vu dans l'atelier où Héphaïstos et Athéna s'adonnent ensemble à leur amour de l'art, et après avoir volé l'art du feu au premier et le reste de l'art à la seconde, il en fait don à l'homme, qui en tire la commodité de la vie... Ayant part au lot divin, d'abord l'homme fut le seul vivant à croire aux dieux, et il se mit à leur dresser des autels et des statues ; ensuite il ne tarda pas à articuler ingénieusement sa voix et les vocables, et il inventa maisons, vêtements, chaussures, lits et la nourriture qu'on tire du sol. Ainsi pourvus, ils commencèrent par vivre dispersés et les cités n'existaient pas ; aussi étaient-ils détruits par les bêtes sauvages, en face desquelles ils étaient partout en état d'infériorité : leur technique artisanale, suffisante pour assurer leur subsistance, ne leur donnait pas le moyen de faire la guerre aux animaux. C'est qu'ils ne possédaient pas encore l'art politique, dont fait partie l'art de la guerre. Aussi cherchaient-ils à se rassembler et à se mettre en sûreté en fondant des cités ; mais à peine assemblés, faute de posséder l'art politique, ils se livraient entre eux aux injustices, de sorte qu'ils recommençaient à se disperser et à périr. Craignant une disparition totale de notre espèce, Zeus envoie Hermès porter aux hommes le sentiment du respect et du droit, pour qu'ils soient « les parures des cités et les liens qui unissent d'amitié ». Hermès demande à Zeus comment il doit procéder à ce don : « dois-je les répartir comme l'ont été les autres arts : un homme de l'art médical suffit pour nombre de profanes, et ainsi des autres arts ? Faut-il installer ainsi les sentiments du respect et du droit chez les hommes, ou bien les répartir entre tous ? » — « Entre tous, répondit Zeus, et que chacun y ait part ; car il n'y aurait pas de cités si seule une minorité y avait part, comme c'est le cas pour les autres arts ; et décrète en mon nom cette loi : tout homme incapable d'avoir part au respect et au droit sera mis à mort comme un fléau pour la cité. » Voilà comment et pourquoi, Socrate, les Athéniens entre autres, quand il s'agit de technique de construction ou d'une autre technique artisanale, n'accordent qu'à peu de gens le droit de donner leur avis et ne tolèrent le conseil d'aucun autre hormis ceux-là, comme tu dis ; et pour de bonnes raisons, à mon sens. Mais quand on en vient à une consultation qui met en cause la valeur politique, consultation qui relève uniquement de la justice et de la sagesse pratique, ils ont raison d'admettre tout le monde, avec l'idée qu'à cette valeur du moins, il convient que quiconque participe, faute de quoi il n'y a pas d'État. Telle est la raison de la différence entre les deux cas. Et pour que tu ne croies pas t'abuser en pensant que tout le monde estime vraiment que tout homme a part à la justice et à tout ce qui fait la valeur politique, écoute encore cette preuve : dans tous les autres genres de mérite, comme tu dis, si quelqu'un prétend qu'il excelle dans l'art de la flûte ou dans quelque autre alors qu'il n'en est rien, on le moque ou on le rudoie et ses proches viennent le sermonner sur sa folie. Mais s'il s'agit de justice et de tout ce qui fait la valeur politique, si quelqu'un dont l'injustice est bien connue vient lui-même dire publiquement la vérité sur son propre compte, cette sincérité, qui dans l'autre cas passait pour le bon sens, passe maintenant pour folie : il faut que tous les hommes se disent justes, qu'ils le soient ou non, et il faut être fou pour ne pas simuler la justice, voilà ce qu'on prétend, avec l'idée que quiconque y a nécessairement quelque part, sauf à s'exclure de l'humanité.

Protagoras, 321c-323b

4. LA VERTU POLITIQUE S'ENSEIGNE COMME LE RESTE

[PROTAGORAS]

Tu demandais, Socrate, pourquoi les hommes vertueux font apprendre à leurs enfants ce qui s'enseigne à l'école et pourquoi ils les rendent savants, alors que dans le domaine de la vertu qui fait leur propre valeur, ils ne les rendent supérieurs à personne. Sur ce point, ce n'est pas au mythe, mais au raisonnement que je vais recourir.

Réfléchis à ceci : y a-t-il, oui ou non, une chose unique à laquelle il faut que tous les concitoyens participent pour qu'il existe un État ? C'est ici, et pas ailleurs, qu'on trouvera la solution de la difficulté qui t'arrête. Car si cette chose existe et si cette chose unique n'est pas l'art du charpentier, du forgeron ou du potier, mais bien la justice, la sagesse pratique et la piété, et ce que d'un mot je nomme : la vertu propre de l'homme ; si c'est une chose à laquelle tous doivent participer, à laquelle tout homme doive se conformer quoi qu'il prétende apprendre ou faire, irrémissiblement ; si c'est une chose telle qu'il faut instruire et châtier quiconque n'y a pas part, enfant, homme ou femme, jusqu'à ce que le châtiment l'améliore, et expulser de l'État ou mettre à mort comme incurable celui qui reste rebelle au châtiment et à l'enseignement ; s'il en est bien ainsi et si, malgré cela, les hommes de valeur enseignent tout à leur fils, sauf cela, considère à quel point ces hommes deviennent un objet d'étonnement ! Ils estiment, nous l'avons montré, que cela peut être objet d'enseignement privé et public ; or, alors que cela s'enseigne et se cultive, c'est autre chose qu'ils apprendraient à leurs fils, quelque chose dont l'ignorance n'est pas sanctionnée par la mort, tandis que des choses qui peuvent valoir à leurs enfants la peine de mort ou l'exil s'ils n'apprennent ni ne cultivent la vertu, et outre la mort, la confiscation de leurs biens et pour le dire d'un mot, la ruine de leurs lignées, ces choses-là, ils ne les leur apprendraient pas et n'y apporteraient pas tous leurs soins ! Faut-il croire cela, Socrate ?

Protagoras, 324d-325c

5. RHÉTORIQUE ET JUSTICE

[SOCRATE-GORGIAS]

— S. Tu prétends, Gorgias, être capable de rendre orateur quiconque veut bien s'instruire auprès de toi ? — G. Oui. — S. Au point de convaincre une assemblée sur n'importe quel sujet non pas en l'instruisant, mais en la persuadant ? — G. Parfaitement. — S. Tu as même dit qu'en matière de santé l'orateur est plus persuasif que le médecin. — G. Devant une assemblée, oui, je le maintiens. — S. Devant une assemblée, c'est-à-dire devant des gens qui ne savent pas ; car, pour sûr, ce n'est pas devant des gens qui savent qu'il est plus persuasif que le médecin. — G. Tu as raison. — S. Ainsi, s'il est plus persuasif que le médecin, le voilà plus persuasif que celui qui sait ? — G. Assurément. — S. Sans être lui-même médecin, n'est-ce pas ? — G. Oui. — S. Celui qui n'est pas médecin ignore les choses que le médecin sait. — G. C'est évident. — S. Ainsi celui qui ne sait pas se montre, aux yeux des gens qui ne savent pas, plus persuasif quc celui qui sait, lorsque l'orateur est plus persuasif que le médecin. C'est ce qui arrive ou non. — G. C'est bien ce qui arrive, en ce cas du moins. — S. Et c'est également à l'égard de tous les autres arts que l'orateur et la rhétorique ont le même avantage : cela exige non pas qu'elle sache la vérité des choses, mais qu'on ait trouvé un procédé de persuasion permettant de passer aux yeux des ignorants pour plus savant que ceux qui savent. — G. N'est-ce pas là une grande facilité, Socrate : en apprenant uniquement cet art, sans s'instruire de tous les autres, ne le cède en rien aux spécialistes ? — S. Savoir si, ce faisant, il le cède aux autres ou non, c'est là une question que nous examinerons plus tard, si cela importe à notre propos. Pour l'instant commençons par examiner ceci : à l'égard du juste et de l'injuste, du laid et du beau, du bon et du mauvais, l'orateur est-il dans la même situation qu'à l'égard de la santé et des objets des autres arts sans savoir les choses elles-mêmes, ce qui est bon ou mauvais, beau ou laid, juste ou injuste, grâce à un procédé de persuasion à leur sujet, être capable de paraître savoir, alors qu'on ne sait pas, mieux que ceux qui savent aux yeux des gens qui ne savent pas ? Ou bien est-il nécessaire qu'il sache, et faut-il qu'il apprenne ces choses avant d'aller te trouver, celui qui a l'intention d'apprendre la rhétorique auprès de toi ? Sinon, sans lui avoir appris rien de tout cela, en maître de rhétorique dont ce n'est pas l'affaire, feras-tu qu'il paraisse aux yeux de la foule le savoir, alors qu'il l'ignore, et être compétent, alors qu'il ne l'est pas ? Seras-tu tout à fait incapable d'apprendre la rhétorique à qui n'a pas au préalable acquis la connaissance de la vérité sur tout cela ? Qu'en est-il Gorgias ? en me dévoilant, comme tu dis, la rhétorique, dis-moi ce que peut bien être son pouvoir. — G. À mon avis, Socrate, s'il se trouve ne pas savoir tout cela, il pourra aussi l'apprendre de moi. — S. Arrête ; car tu parles d'or : pour que tu puisses faire de quelqu'un un orateur, il faut qu'il ait la connaissance du juste et de l'injuste, soit qu'il l'ait acquise antérieurement, soit qu'il l'acquière ultérieurement près de toi. — G. Absolument. — S. Quand on a appris l'architecture, on a compétence d'architecte, la musique, de musicien, la médecine, de médecin, etc., bref, en apprenant une chose, on acquiert la qualité que confère la science de cette chose ? — G. Parfaitement. — S. Ainsi, selon ce raisonnement celui qui a appris ce qui est juste, est juste. — G. Oui. — S. Et il suit de ce que nous avons dit que l'orateur est nécessairement juste. — G. Oui. — S. Par conséquent, il ne voudrait jamais se montrer injuste. — G. C'est évident. — S. Souviens-toi de ce que tu me disais tout à l'heure : s'il arrive qu'un pugiliste mette son art au service d'une injustice, il ne faut pas incriminer les pédotribes et les chasser des cités. De la même façon, si un orateur fait un usage injuste de la rhétorique, ce n'est pas son maître qu'il faut accuser et bannir, mais bien celui qui s'est montré injuste et n'a pas fait un usage correct de la rhétorique. L'as-tu dis ou non ? — G. Je l'ai dit. — S. Or, voilà maintenant que le même homme, l'orateur, est capable de se montrer injuste. Est-ce vrai ? — G. Évidemment. — S. Dans tes premiers propos, Gorgias, tu disais que la rhétorique concernait les discours, non pas ceux qui traitent du pair et de l'impair, mais du juste et de l'injustice. Est-ce vrai ? — G. Oui. — S. En t'entendant dire cela, j'ai supposé que la rhétorique ne serait jamais chose injuste, puisque la justice est toujours le sujet de ses discours. Mais quand tu m'as dit peu après qu'il pouvait arriver que l'orateur fasse un mauvais usage de la rhétorique, je me suis étonné et jugeant tes propos contradictoires, j'ai déclaré : si tu juges que tu peux trouver le même profit que moi à être réfuté, cela vaut la peine de poursuivre l'entretien dialectique, sinon, mieux vaut le rompre. Or en poursuivant notre examen, tu vois toi-même que nous nous accordons à dire qu'il est impossible que l'orateur fasse un usage injuste de la rhétorique et consente à être injuste. Qu'en est-il au juste ? Un bref échange de propos ne saurait suffire à rendre l'examen concluant.

Gorgias, 458e-461b

V. — DU DIALOGUE À LA DIALECTIQUE

A. LES RÈGLES DE L'ENTRETIEN DIALECTIQUE

1. DIALOGUER, CE N'EST PAS DISCOURIR

[RÉCIT DE SOCRATE]

Ceux qui étaient présents ayant fait une ovation au beau discours de Protagoras, je lui dis : « Il se trouve que pour ma part je suis un homme oublieux et quand on me tient un long discours, j'en oublie le sujet. S'il se trouvait que je fusse dur d'oreille, il te faudrait pour t'entretenir avec moi me parler plus haut qu'aux autres ; eh bien, de même, puisqu'il se trouve que tu as affaire à un homme oublieux, fais-moi la grâce de condenser tes réponses et de les faire plus brèves, pour que je puisse te suivre. — En quel sens m'invites-tu à faire de brèves réponses ? dois-je les faire plus brèves qu'il ne faut ? — Nullement.

Alors, de la longueur qu'il faut ? — Oui. — Mais est-ce de celle que, moi, je juge telle, ou bien de celle que, toi, tu juges telle ? — A la vérité, j'ai ouï-dire que sur les mêmes sujets tu es capable de tenir toi-même ou d'apprendre aux autres à tenir soit des discours aussi longs qu'on veut sans que jamais la parole fasse défaut, soit au contraire des propos si brefs que nul ne soit capable d'en tenir de plus brefs ; alors, si tu veux t'entretenir avec moi, c'est à la seconde méthode, celle de la parole brève qu'il te faut recourir. — Il m'est déjà arrivé d'affronter maints adversaires dans les luttes oratoires, Socrate, et si j'avais fait ce que tu me demandes, si j'avais accepté de mener le débat selon la méthode prescrite par le contradicteur, je ne paraîtrais pas supérieur à quiconque, et le nom de Protagoras ne se serait pas imposé aux Grecs. » — Et moi, comprenant qu'il n'était pas content de lui après ses précédentes réponses et qu'il ne consentait pas de bon gré à être le répondant dans le dialogue, je jugeai que ce n'était plus mon affaire d'assister à ces colloques, et je lui dis : « Mais moi non plus, Protagoras, je n'insiste pas pour que la réunion se déroule de manière différente de celle que tu juges bonne : quand tu voudras bien dialoguer en sorte que je puisse te suivre, je m'entretiendrai avec toi. Car toi, à ce qu'on dit et à ce que tu prétends toi-même, tu es capable de nouer entretien aussi bien en discours longs qu'en discours brefs : c'est que tu es un habile homme ; mais moi, les propos longs me dépassent, quel que soit mon désir d'être à la hauteur. C'était à toi, qui es capable de pratiquer les deux genres, de nous faire concession pour que l'entretien ait lieu. Mais puisque tu n'y consens pas et que, de mon côté, je n'ai ni le loisir ni la capacité de rester te suivre en tes longs discours, car j'ai affaire ailleurs, je m'en vais ; autrement, sans doute n'est-ce pas sans agrément que j'aurais écouté même ces longs discours. » Comme je me levais pour partir, Callias d'une main me saisit le bras, de l'autre retint mon manteau et dit : « Nous ne te laisserons pas partir, Socrate, car si tu t'en allais nos échanges changeraient de nature. Je te prie donc de rester, car rien ne m'agrée davantage que le dialogue entre Protagoras et toi. À tous, fais-nous ce plaisir. » — J'étais déjà debout pour sortir : « Fils d'Hipponicos, lui dis-je, je ne cesse, pour ma part, de me réjouir de ton amour du savoir et en ce moment même je le loue et l'apprécie au point de souhaiter te faire plaisir, si ce que tu me demandes était possible ; mais en l'occurrence, c'est comme si tu me demandais de courir aussi vite que Crison d'Himère au mieux de sa forme ou de participer à une course de fond. Je te dirais que je suis moi-même, plus que tu ne peux l'être, désireux de me mettre à ce train, mais que j'en suis incapable et que, si tu veux me voir courir avec Crison, c'est à lui qu'il faut que tu demandes de la complaisance, car moi je ne puis courir vite, tandis que lui peut aller lentement. Donc si tu as envie de nous entendre, Protagoras et moi, demande-lui de continuer à faire des réponses brèves et uniquement aux questions posées ; sinon, quelle tournure prendra le dialogue ? Car pour moi, je pensais qu'une chose était de se réunir pour dialoguer, une autre de faire un discours au peuple. — Voyons Socrate, la proposition de Protagoras est équitable, il demande que dans le dialogue, on le laisse parler comme il le juge bon et t'accorde le droit d'en faire autant. »

Protagoras, 334c-336b

2. DIALOGUER, C'EST ÉCHANGER DES RAISONS

Alcibiade intervint alors : « Tu n'y es pas Callias. Socrate te dit que le discours suivi n'est pas son affaire et qu'il l'abandonne à Protagoras ; ce qui en revanche m'étonnerait, c'est qu'il le cède à personne dans l'art de dialoguer, de donner ses raisons et d'accueillir celles d'autrui. Donc si Protagoras reconnaît qu'il est inférieur à Socrate dans le dialogue, Socrate en reste là ; mais s'il prétend le contraire, alors, qu'il procède à l'échange des questions et des réponses sans prendre occasion de chaque réponse pour se lancer dans un long discours, en esquivant les arguments et en refusant de se justifier, et en pérorant jusqu'à ce qu'il ait chance que la plupart des auditeurs aient oublié quel était l'objet de la question. Car je me porte garant que Socrate, lui, ne l'oubliera pas, et que c'est par jeu qu'il se prétend oublieux. Ainsi, pour ma part, c'est la proposition de Socrate que je crois la plus équitable, car c'est sa propre conception personnelle qu'il faut que chacun manifeste. »

Protagoras, 336b-336d

3. CONVERSER, CE N'EST PAS CONTROVERSER

Après Alcibiade, ce fut, je crois, au tour de Critias : « Prodicos et Hippias, dit-il, m'est avis que Callias penche pour Protagoras, tandis qu'Alcibiade veut toujours la victoire pour le parti qu'il prend ; mais nous, ce n'est pas la victoire de Socrate ou de Protagoras qu'il nous faut souhaiter, mais à l'un comme à l'autre il faut que tous ensemble nous leur demandions de ne pas interrompre l'entretien. » — À quoi Prodicos répondit : « Je crois, Critias, que tu as raison : il faut que ceux qui assistent à de tels débats accordent aux deux interlocuteurs une audience commune, mais non pas égale, car ce n'est pas la même chose : aux deux indistinctement il faut accorder audience, sans pour cela faire la part égale à chacun, la meilleure doit revenir à celui qui a le plus de savoir, la moindre au plus ignorant. Pour ma part, Protagoras et Socrate, je vous demande, moi aussi, de vous mettre d'accord, mais pour faire des thèses un objet de discussion et non pas de dispute : entre amis on discute avec bienveillance, ce sont rivaux et ennemis qui disputent. Voilà dans quelles conditions la rencontre prendrait pour nous le plus de valeur, car ce sont celles qui vous permettraient le mieux, vous les interlocuteurs, d'obtenir de nous qui vous écoutons l'estime et non la louange ; l'estime exclut la fausseté dans l'esprit des auditeurs, tandis qu'il arrive souvent que la louange en parole ne traduise pas l'opinion des gens qui dissimulent ; enfin c'est dans ces conditions que nous, les auditeurs, nous trouverions le plus de satisfaction et non pas de plaisir : car on éprouve de la satisfaction à apprendre quelque chose et à comprendre par la seule pensée, tandis qu'on éprouve du plaisir à manger ou à ressentir quelque chose d'agréable dans son corps seulement. » Beaucoup de ceux qui étaient là approuvèrent les propos de Prodicos.

Protagoras, 336d-337c

4. L'INTERLOCUTION VRAIE : L'ENTRETIEN EST SON PROPRE ARBITRE

C'est le savant Hippias qui intervint ensuite : « Vous tous ici présents, je vous tiens pour mes parents, mes proches, mes concitoyens selon la nature, non selon la loi, car c'est selon la nature que le semblable est parent du semblable, tandis que la loi, ce tyran des hommes, fait à maints égards violence à la nature. Ce serait une honte si nous qui savons la nature des choses, qui sommes les plus savants des gens, réunis à ce titre en ce moment dans le prytanée même de la science, dans la plus illustre demeure de la cité elle-même, nous ne faisions rien voir qui soit digne de cette dignité et si nous nous chicanions comme les premiers venus. Voici donc, Protagoras et Socrate, ma requête et mon conseil : faites chacun la moitié du chemin comme si notre arbitrage vous réconciliait ; ne cherche pas, Socrate, cette forme stricte des dialogues, cet excès de brièveté, si elle est désagréable à Protagoras, lâche un peu la bride aux propos pour qu'ils prennent à nos yeux plus d'ampleur et d'apprêt ; et toi, Protagoras, évite de ton côté de prendre le large et de perdre la côte de vue en déployant les voiles de tes discours ; trouvez tous deux un moyen terme. Faites ainsi, et croyez-moi choisissez un arbitre, un épistate, un prytane qui veille à la juste mesure de vos propos respectifs. »

Ces propos plurent à l'assistance, tous approuvèrent et tandis que Callias affirmait que je ne m'en irais pas, on me demanda de choisir un arbitre. Pour moi je dis que choisir un arbitre du débat serait une mauvaise solution, car ou bien l'élu ne nous vaudrait pas et il ne serait pas correct que le moins bon arbitrât ceux qui lui sont supérieurs, ou bien il serait notre égal, et cela n'irait pas non plus, car notre égal se comporterait comme nous et son choix aurait été superflu. Resterait à en choisir un meilleur. Mais voici mon avis : « En réalité, il est impossible que vous en choisissiez un qui soit plus savant que Protagoras ici présent ; si vous en choisissiez un qui n'est nullement supérieur, mais que vous le prétendiez tel, cela aussi deviendrait infamant pour lui de lui imposer un juge comme au premier venu, personnellement, cela m'est indifférent. Mais voici ce que je consens à faire pour que la réunion et l'entretien se poursuivent comme vous le désirez : si Protagoras ne veut pas répondre, qu'il interroge et moi je répondrai et j'essaierai en même temps de lui montrer comment, à mon sens, doit répondre celui qui est interrogé. Après que j'aurai répondu à toutes les questions qu'il lui plaira de me poser, qu'à son tour il me soumette ses raisons en même façon. Mais au cas où il ne paraîtrait pas disposé à limiter sa réponse à la seule question qui lui a été posée, vous vous joindrez à moi pour la même demande que vous venez de m'adresser de ne pas rompre l'entretien. Et voilà pourquoi un président unique n'est nullement nécessaire : c'est vous tous ensemble qui présiderez. » Tous furent d'avis de procéder ainsi et, bien malgré lui, Protagoras se vit contraint de poser les questions et, après avoir suffisamment interrogé, de rendre raison à son tour en répondant brièvement.

Protagoras, 337c-338e

5. NÉCESSITÉ DE L'EXAMEN

[CRITIAS-SOCRATE]

— C. Peut-être ton propos était-il plus correct, peut-être était-ce le mien, mais rien de ce que nous avons dit n'était certain. Mais maintenant si tu ne tombes pas d'accord qu'être sage, c'est se connaître soi-même, je suis décidé à te rendre raison de cette thèse. — S. Mais Critias, tu te comportes à mon égard comme si je prétendais posséder la connaissance des choses sur lesquelles je pose des questions, et comme s'il ne tenait qu'à moi d'être de ton avis ; mais c'est parce que moi-même je ne sais pas ce qu'il en est que j'entreprends avec toi l'examen de ce qui se présente à chaque fois ; aussi est-ce après avoir examiné que je consens à te dire si je suis d'accord ou non. Ainsi, patiente, attends que j'examine.

Charmide, 165bc

6. SUBORDINATION DE LA RÉFUTATION

[CRITIAS-SOCRATE]

— C. À mon avis, Socrate, tu es en train de faire ce dont tu te défendais tout à l'heure : tu cherches à me réfuter, en laissant de côté l'objet du débat. — S. Quelle erreur tu commets en croyant que ma raison principale de te réfuter diffère de celle qui me fait scruter minutieusement mon propre propos de peur que, sans m'en apercevoir, je m'imagine savoir quelque chose qu'en réalité je ne sais pas. Et en ce moment même, c'est bien ce que je prétends faire : examiner la thèse avant tout dans mon propre intérêt, sans doute aussi dans celui de nos amis. Peut-être ne crois-tu pas que ce soit le bien commun de tous les hommes que devienne manifeste la nature de chacune des réalités ? — C. Mais si, je le crois moi aussi, Socrate. — S. Prends donc confiance, mon cher Critias, et réponds à la question posée selon ce qu'il te semble, sans t'inquiéter de savoir si c'est Critias ou Socrate qui est réfuté ; examine, en appliquant ton attention au propos lui-même, comment s'en sortira celui qui a été réfuté.

Charmide, 166ce

7. ÉRISTIQUE ET DIALECTIQUE

[SOCRATE-THÉÉTÈTE]

— S. Au point où nous en sommes, nous nous trouvons tout naturellement acculés à tenir des propos qui apparaîtraient à Protagoras et à ses adeptes surprenants et ridicules. — T. Comment se fait-il, et de quels propos s'agit-il ? — S. Un simple exemple te fera comprendre tout ce que je veux dire. Soit six osselets mis à côté de quatre osselets ; nous dirons qu'ils sont plus nombreux de moitié ; à côté de douze, moins nombreux de moitié. Pas moyen de dire autrement n'est-ce pas ? — T. Non. — S. Mais alors si Protagoras ou quelque autre te demande : « Est-il possible, Théétète, que quelque chose devienne plus grand ou plus nombreux sans être augmenté ? », que répondras-tu ? — T. Si je m'en tiens à cette dernière question, je répondrai : non ; mais si je m'en rapporte à la précédente, pour me garder de contradiction, je réponds : oui. — S. Merveilleuse réponse ! Mais, apparemment, si tu réponds : oui, tu vas illustrer le mot d'Euripide : notre langue sera à l'abri de tout reproche, mais non pas notre pensée. — T. C'est vrai. — S. Dès lors si nous étions toi et moi du nombre des habiles et des doctes, après exploration complète de ce qui relève de la pensée, il ne nous resterait plus qu'à nous offrir le luxe d'une mutuelle mise à l'épreuve, et à nous affronter sur le mode sophistique en un combat qui le serait également, en faisant cliqueter les arguments les uns contre les autres. Mais comme nous ne sommes pas des spécialistes, nous préférons commencer par considérer ce que peuvent être en leurs rapports mutuels les objets de notre réflexion, pour voir s'ils sont concertants ou discordants. — T. Je préfère cela, et de beaucoup. — S. Moi aussi. Cela étant, c'est en toute quiétude, comme des gens qui ont pleinement loisir que nous allons reprendre notre enquête ; sans aigreur, mais en nous soumettant réellement nous-mêmes à examen, pour voir ce que peuvent être ces représentations en nous. Examinons d'abord la première : nous affirmerons, je pense, que jamais rien ne devient ni plus grand ni plus petit, que ce soit en volume ou en nombre, tant qu'il demeure égal à lui-même, n'est-ce pas ? — T. Oui. — S. En second lieu, que ce à quoi l'on n'ajoute ni ne retranche rien ne croît ni ne décroît, mais reste toujours égal à soi-même. — T. Bien certainement. — S. En troisième lieu, il est impossible qu'une chose qui, antérieurement n'existait pas, existe ultérieurement à moins qu'elle ne soit devenue et ne devienne. — T. C'est bien ce qu'il semble. — S. Or ce sont bien ces trois assertions qui s'affrontent entre elles en notre âme quand nous parlons des osselets, ou encore lorsque nous disons ceci : moi, à mon âge, sans avoir subi accroissement ni modification contraire, je suis, au cours d'une même année, plus grand que toi qui es jeune, et ultérieurement plus petit, sans que mon volume ait rien perdu, mais le tien ayant augmenté. Donc je suis ultérieurement ce que je n'étais pas antérieurement, sans être devenu, car sans devenir il est impossible d'être devenu, et n'ayant rien perdu de mon volume, je n'ai jamais pu devenir moindre. Et il se trouve mille assertions semblables, si on admet les précédentes. Je suppose que tu me suis, Théétète, car tu ne me sembles pas novice en ces matières.

Théétète, 154b-155c

8. L'ACCORD DE L'INTERLOCUTEUR, RÈGLE D'OR DU DIALOGUE

[MÉNON-SOCRATE]

— M. Mais ta réponse est naïve, Socrate. [...] — S. Pour ma part, je la crois vraie. Et si mon interlocuteur était de ces sophistes en quête de combats et de victoires, je lui dirais : « Voilà ma réponse, si elle n'est pas correcte, à toi de demander raison et de démontrer. » Mais s'agissant, comme c'est présentement le cas, de deux amis qui désirent dialoguer, il faut donner réponse plus accommodante et mieux appropriée à la poursuite du dialogue. Or nul doute que le dialogue exige non seulement qu'on réponde à ce qui est vrai, mais en outre que l'on fonde sa réponse sur ce que celui que l'on interroge reconnaît qu'il sait. Aussi est-ce de cette manière que je vais essayer d'en user avec toi.

Ménon, 75cd

[SOCRATE-PÔLOS]

— S. Dès le début de notre entretien, je t'ai rendu justice, Pôlos : il me semble que tu as été bien éduqué dans l'art du discours et que tu as négligé celui du dialogue. Ainsi, ce que je viens d'entendre, c'est donc cela le fameux argument qui permettrait à un enfant de me réfuter ! et me voilà, à ton avis, réfuté par un tel argument, moi qui prétends que l'homme injuste n'est pas heureux ! Comment cela, mon cher ? je ne conviens en rien de ce que tu dis. — P. C'est que tu t'y refuses, car ce que je viens de dire, c'est bien ton opinion. — S. C'est en orateur, mon cher, que tu essaies de me réfuter, tout à fait comme les gens du prétoire estiment qu'ils réfutent. Car là, une partie a l'impression de réfuter l'autre quand elle produit, à l'appui des allégations qu'elle avance, des témoins nombreux et honorables, tandis que la partie adverse n'en a qu'un ou n'en a aucun. Mais ce genre de réfutation est dépourvu de toute valeur au regard de la vérité, car il peut arriver qu'on succombe sous de faux témoignages, nombreux et apparemment sérieux. Et dans le cas présent, sur ce que tu dis, tu trouveras Athéniens et étrangers unanimes ou peu s'en faut, si tu veux produire contre moi des témoins attestant que je ne dis pas la vérité. [...] Mais moi, tout seul que je sois, je ne me rends pas ; car toi, tu ne forces pas mon acquiescement, tu te contentes, en produisant contre moi une foule de faux témoins, d'essayer de m'expulser de ce qui est mien et de ce qui est vrai. Alors que moi, si je ne te produis pas, toi tout seul, comme témoin, convenant de ce que je dis, j'estime n'avoir rien fait qui vaille pour mener à bon terme notre débat ; et j'estime que, toi, tu n'as rien fait non plus tant que tu n'as pas récusé tous les autres témoignages pour ne retenir que le mien. Il y a donc une manière de démontrer à laquelle tu te confies, toi avec beaucoup d'autres, et il y en a une autre, à laquelle, moi je crois. Leur confrontation doit nous permettre de les différencier. Car il se trouve que l'objet de notre contestation n'est pas de mince importance : c'est peut être celui qu'il est le plus beau de connaître, le plus honteux d'ignorer, puisqu'il s'agit en somme de savoir qui est heureux et qui ne l'est pas.

Gorgias, 471d-472c

B. LE POINT DE DÉPART

1. L'ÉTONNEMENT, PRINCIPE DE LA PHILOSOPHIE

[THÉÉTÈTE-SOCRATE]

— T. Pardieu, Socrate, c'est prodigieux comme je m'étonne de ce que peuvent être ces choses, et il arrive qu'à les considérer vraiment, je sois pris de vertige ! — S. Il semble, mon ami, que Théodore n'a pas mal deviné ta nature. Car c'est tout à fait l'état d'un philosophe : s'étonner. La philosophie n'a pas d'autre principe que celui-là ; et celui [1] qui a fait d'Iris la fille de Thaumas n'est pas un mauvais généalogiste.

Théétète, 155d

1. Hésiode, *Théogonie,* vers 265 : « Thaumas épousa Électre, fille d'Océan au flot profond, et celle-ci mit au monde la rapide Iris. » Iris est la messagère des Dieux auprès des hommes ; le mot grec : *thauma,* signifie : étonnement.

2. QUESTION INITIALE ET QUESTION PRÉALABLE

[MÉNON-SOCRATE]

— M. Peux-tu me dire, Socrate, si la vertu peut être enseignée ? ou bien si c'est par la pratique et non par l'enseignement qu'elle s'acquiert ? ou encore si ce n'est ni par la pratique, ni par l'enseignement, mais par la nature ou encore par quelque autre voie qu'elle vient aux hommes ? — S. [...] Si tu t'avises de poser cette question aux gens d'ici, tu n'en trouveras aucun qui ne se mette à rire en te répondant : « Étranger, me prends-tu par hasard pour un bienheureux, en allant croire que je sais si la vertu s'acquiert par enseignement ou d'autre façon ? Pour ma part, je suis si loin de savoir si elle peut ou si elle ne peut pas s'enseigner, que je me trouve ne pas même savoir du tout ce qu'est la vertu. » En ce qui me concerne, Ménon, j'en suis exactement au même point : je suis en l'espèce aussi démuni que nos concitoyens, et je me blâme de tout ignorer de la vertu. Or ne sachant pas ce qu'elle est, comment saurais-je quelle elle est ? Crois-tu qu'on puisse, sans savoir du tout qui est Ménon, savoir s'il est beau, s'il est riche, s'il est noble, ou tout le contraire ? Crois-tu que ce soit possible ? — M. Non, assurément.

Ménon 70a-71c

3. NÉCESSITÉ D'UN ACCORD INITIAL SUR L'ESSENCE DANS LA DIALECTIQUE

[SOCRATE]

En tout sujet il n'y a qu'un point de départ si l'on veut décider valablement : il faut savoir sur quoi on délibère, faute de quoi on manque complètement le but, c'est inévitable. Il échappe à la plupart des gens qu'ils ne connaissent pas l'essence des choses ; aussi, faisant comme s'ils la connaissaient, ils négligent de se mettre d'accord au début de l'examen qu'ils entreprennent, négligence dont ils font les frais chemin faisant, car ils ne s'accordent ni avec eux-mêmes, ni entre eux. Gardons-nous, toi et moi, de ce que nous reprochons aux autres. Bien plutôt, puisque la question qui se pose pour toi comme pour moi est de savoir s'il est préférable de lier amitié avec quelqu'un qui aime plutôt qu'avec quelqu'un qui n'aime pas, mettons-nous d'accord pour limiter le sujet à l'amour, son essence et son pouvoir ; après quoi, le regard fixé sur cette définition et nous y rapportant, procédons à l'examen pour savoir si l'amour procure avantage ou dommage.

Phèdre, 237be

C. CE QUE VEUT DIRE LA QUESTION : « QU'EST-CE QUE... »

1. CE QU'ELLE NE VEUT PAS DIRE

[SOCRATE-HIPPIAS]

— S. Puisque tu m'y autorises, permets-moi de te questionner en jouant le rôle de cet homme [qui me harcèle de ses objections]. Car si tu lui débitais le discours sur les belles occupations dont tu viens de me parler, dès que tu aurais fini, après t'avoir écouté, il ne t'interrogerait sur rien d'autre avant de t'avoir interrogé sur le beau, car c'est ainsi qu'il procède habituellement et il te dirait : « Étranger, n'est-ce pas par la justice que les hommes justes sont justes ? » Réponds-moi donc, Hippias, comme si c'était lui qui t'interrogeait. — H. Je répondrais que c'est en effet la justice. — S. Ainsi c'est bien quelque chose de déterminé que la justice ? — H. Parfaitement. — S. Ainsi c'est aussi par la sagesse que les sages sont sages, et par le bien que toutes les bonnes choses sont bonnes ? — H. Évidemment. — S. Et toutes ces causes sont des réalités déterminées, faute de quoi, il n'y aurait sans doute rien de tel ? — H. Assurément, elles sont réelles. — S. Mais toutes les belles choses également, n'est-ce pas par le beau qu'elles sont belles ? — H. Oui, c'est par le beau. — S. Et le beau est une réalité déterminée ? — H. C'en est une ; mais à quoi tendent ces questions ? — S. « Dis-moi donc, Étranger, demandera-t-il, ce que c'est que le beau. » — H. Mais alors, Socrate, l'homme qui demande cela veut savoir *ce qui* est beau ? — S. Je ne crois pas, Hippias, ce qu'il veut savoir, c'est ce *qu'*est le beau. — H. Mais où est la différence ? — S. Tu n'en vois pas ? — H. Aucune. — S. Pourtant tu es plus savant, c'est évident ? Néanmoins réfléchis, mon cher, il ne te demande pas : qu'est-ce qui est beau, mais bien : qu'est-ce que le beau ?

Hippias Majeur, 287bc

2. LA RÉPONSE IDÉALE

[SOCRATE-EUTHYPHRON]

— S. Essaie maintenant, mon cher Euthyphron, de répondre plus clairement à ma question. Car ta précédente réponse ne m'a pas suffisamment instruit : je te demandais ce que peut bien être la piété et tu m'as dit que ce que tu es en train de faire en ce moment, poursuivre ton père en justice pour meurtre, se trouve être un acte pieux. — E. Et j'ai dit vrai, Socrate. — S. Peut-être bien, mais il y a beaucoup d'autres choses que tu qualifies de pieuses. — E. Et qui le sont en effet. — S. Mais rappelle-toi, je ne t'invitais pas à me faire connaître une ou deux des nombreuses choses qui sont pieuses, mais bien cette forme en elle-même qui fait que toutes les choses pieuses sont pieuses ; car il me semble que tu as admis que c'est par une forme unique que les choses impies sont impies et que sont pieuses les choses pieuses, t'en souvient-il ? — E. En effet. — S. Eh bien, apprends-moi ce que peut bien être cette idée, afin que dirigeant vers elle mon regard et m'en servant comme d'un paradigme, je qualifie de pieux tout acte semblable venant de toi ou d'un autre, et que je n'accorde pas cette qualification à l'acte qui ne lui ressemble pas.

Euthyphron, 6ce

D. DIFFICULTÉS DE LA DÉFINITION

1. LES ÉCUEILS DE L'IMAGE

[HIPPIAS-SOCRATE]

— H. J'ai bien compris, Socrate, et je vais répondre à ton homme en lui disant ce qu'est le beau, sans crainte d'être jamais réfuté. Sache bien, s'il faut dire vrai, que le beau, c'est une belle fille. — S. Par le chien, Hippias, voilà une belle et brillante réponse. Et si je la prends à mon compte, j'aurai répondu correctement et je ne risquerai pas d'être réfuté. — H. Comment serais-tu réfuté ? C'est l'avis de tout le monde et tous tes auditeurs témoigneront que tu as raison. — S. Soit ; mais admets que je reprenne ce que tu dis, mon homme va me tenir à peu près ce langage : toutes ces choses que tu déclares belles seraient belles à la condition qu'existe le beau en soi ; et je reconnaîtrai que si une belle fille est belle, c'est qu'il existe quelque chose par quoi toutes ces choses sont belles. — H. Crois-tu donc qu'il entreprenne encore de contester la beauté de ce dont tu parles, ou, s'il s'y risque, qu'il ne se couvrira pas de ridicule ? — S. Qu'il s'y risque, je n'en doute pas ; qu'il se couvre de ridicule, c'est l'événement qui le montrera ; mais ce qu'il dira, je veux t'en faire part. Il me dira : tu es suave, Socrate, mais est-ce qu'une belle cavale n'a pas, elle aussi, de la beauté, elle que le dieu lui-même vanta dans son oracle ? que répondre, Hippias ? nierons-nous que la cavale ait de la beauté quand elle est belle ? Comment oserons-nous nier la beauté de ce qui est beau ? — H. Tu as raison, Socrate, car ce que le dieu a dit est exact et il est de fait que, chez nous, on élève de fort belles cavales. — S. Bien, me dira-t-il ; et une belle lyre, n'est-ce pas quelque chose de beau ? en conviendrons-nous ? — H. Oui. — S. Il poursuivra alors (comme je le connais, j'en suis presque sûr) : et une belle marmite, mon cher, n'est-ce pas une belle chose ? — H. Vraiment, Socrate, quel homme est-ce là ? manque-t-il d'éducation au point d'oser prononcer des mots si bas en un propos si relevé ? — S. Il est comme cela, Hippias, tout simple, vulgaire, sans autre souci que celui de la vérité. Il faut pourtant lui répondre à cet homme et voici pour ma part ce que je réponds par anticipation : si la marmite a été fabriquée par un bon potier, bien lisse, bien ronde et bien cuite, comme ces belles marmites de quinze litres à deux anses qui sont de toute beauté, si c'est d'une belle marmite qu'il veut parler, il faut convenir qu'elle est belle ; car comment dénier la beauté à ce qui est beau ? — H. C'est impossible. — S. Donc, dira-t-il, une belle marmite aussi est une belle chose ? — H. Voici ce que j'en pense, Socrate : oui, un tel ustensile est beau quand il a été bien fait, mais tout cela ne mérite pas d'être jugé beau en comparaison d'une cavale, d'une fille et de tout ce qui est beau. — S. Soit ; si je te comprends bien, il faut répondre à notre questionneur : mon ami, tu méconnais la vérité du mot d'Héraclite : « le plus beau des singes est laid en comparaison de l'espèce humaine » et, au dire du savant Hippias, tu méconnais qu'en comparaison de l'espèce des filles, la plus belle des marmites est laide. — H. Parfaitement, Socrate, c'est très bien répondu. — S. Alors, écoute ce qu'il ne manquera pas de dire : mais quoi, Socrate, si on compare l'espèce des filles à celles des dieux, ne sera-t-elle pas dans le même cas que les marmites comparées aux filles ? est-ce que la plus belle fille ne paraîtra pas laide ? Et cet Héraclite que tu cites ne dit-il pas de même que le plus savant des hommes paraîtra n'être qu'un singe quant à la science, la beauté et tout le reste ? Conviendrons-nous que la plus belle fille est laide, comparée à la race des dieux ? — H. Qui pourrait aller là contre ? — S. Si nous convenons de cela, il se mettra à rire et dira : te souviens-tu, Socrate, de la question que je t'ai posée ? Oui, répondrai-je, tu m'as demandé ce que peut être le beau en lui-même. Là-dessus, reprendra-t-il, alors que c'est sur le beau que je t'interrogeais, tu me réponds en m'indiquant quelque chose qui, de ton propre aveu, se trouve être tout aussi bien laid que beau... Si j'avais commencé par te demander ce qui est à la fois beau et laid, ta réponse serait correcte. Mais le beau en lui-même, ce qui fait la parure de tout le reste et le fait paraître beau, dès que cette forme s'y ajoute, persistes-tu à croire que c'est une fille, une cavale ou une lyre ?

Hippias Majeur, 287e-289d

[SOCRATE-LACHÈS]

— S. Essaie de répondre à ma question, Lachès : qu'est-ce que le courage ? — L. Par Zeus, Socrate, il n'est pas difficile de le dire : si un homme veut repousser l'ennemi en gardant son rang et s'il ne prend pas la fuite, sache qu'il est courageux. — S. Tu as raison, mais par ma faute sans doute, parce que je ne me suis pas clairement exprimé, c'est à une autre question que celle que j'avais en tête que tu as répondu. — L. Que veux-tu dire ? — S. Je vais faire de mon mieux pour te l'expliquer. C'est un homme courageux sans aucun doute, celui dont tu parles, qui combat l'ennemi en gardant son rang. — L. Je l'affirme. — S. Moi aussi. Mais que dire de celui qui combat l'ennemi sans garder son rang, en faisant retraite ? — L. Comment en faisant retraite ? — S. Comme les Scythes, par exemple, dont on dit qu'ils combattent tout aussi bien en fuyant qu'en chargeant. De même Homère vante quelque part les chevaux d'Énée qui « savent se montrer aussi rapides dans les deux sens : dans la poursuite et dans la fuite » et il fait l'éloge d'Énée lui-même, vantant son habileté à fuir et le qualifiant de « maître en l'art de fuir ». — L. À juste titre, car c'est des chars qu'il parlait, de même que toi, c'est des cavaliers Scythes que tu parles. C'est bien ainsi que combat leur cavalerie ; mais moi, c'est de l'infanterie des Grecs que je parle. — S. Celle des Lacédémoniens mise à part sans doute ; car on raconte que lorsqu'ils rencontrèrent les gerrophores perses à Platées, ils ne voulurent pas combattre en les attendant de pied ferme ; ils firent retraite puis, quand les rangs des Perses furent rompus, ils firent volte-face et c'est en combattant ainsi comme les cavaliers qu'ils gagnèrent la bataille. — L. C'est exact. — S. Je te disais donc que c'était ma faute si tu n'avais pas bien répondu, parce que ma question n'était pas bien posée. Mon intention était de t'interroger non seulement sur les gens qui sont courageux dans l'infanterie, mais aussi sur ceux qui le sont dans la cavalerie et de façon générale dans toute arme ; non seulement sur ceux qui sont courageux à la guerre ; mais sur ceux qui le sont dans les dangers de la mer, devant les maladies, devant la pauvreté, dans la vie publique ; et au surplus non seulement sur ceux qui sont courageux devant les peines et les craintes, mais aussi sur ceux qui se distinguent dans la lutte contre les passions et les plaisirs, qu'ils fassent front ou retraite, car en toutes ces occurrences il y a bien des gens courageux, n'est-ce pas ? — L. Très courageux même. — S. Ainsi tous ces gens sont courageux, mais les uns contre les plaisirs, les autres contre les souffrances, ceux-ci contre les passions, ceux-là contre les craintes, alors que d'autres, je suppose, font preuve de lâcheté dans les mêmes cas ? — L. Certainement. — S. Ce que peut bien être chacune de ces conduites, voilà ce que je te demandais. Qu'est-ce qui existe identiquement dans tous les cas ? essaie à nouveau de me le dire, pour le courage d'abord. Mais peut-être ne comprends-tu pas encore bien ce que je veux dire ? — L. Pas très bien. — S. Eh bien, c'est exactement comme si on te demandait ce que peut bien être la vitesse : elle peut se trouver dans la course, dans le jeu de la cithare, dans la parole, dans l'étude et dans beaucoup d'autres choses, et nous l'avons dans à peu près tout ce qui est notable, dans les activités de nos mains, de nos membres, de notre bouche, de notre voix ou de notre pensée. N'est-ce pas ton avis ? — L. Oui. — S. Suppose maintenant qu'on me demande : qu'entends-tu, Socrate, par cette vitesse dont tu énonces l'existence en toutes choses ? Je répondrais : j'appelle vitesse la capacité d'exécuter beaucoup d'actes en peu de temps, qu'il s'agisse de parler, de courir et de tout le reste. — L. Ta réponse serait correcte. — S. Maintenant, Lachès, essaie d'en dire autant du courage : quelle est cette capacité identique dans le plaisir et dans la peine et dans tous les cas où nous venons de dire qu'elle se trouvait, et que nous appelons courage ?

Lachès, 190e-192b

2. DÉFINITION ET EXPLICATION

[SOCRATE-MÉNON]

— S. Allons, tâchons de dire ce qu'est une figure. Examine si tu acceptes qu'elle soit ce que voici : posons que la figure, c'est la seule réalité qui se trouve toujours accompagnée d'une couleur. Est-ce pour toi une définition suffisante, ou en cherches-tu une autre ? Pour moi, si tu me donnais de la vertu une définition de ce genre, j'aurais satisfaction. — M. Mais ta définition est naïve, Socrate. — S. En quoi l'est-elle à tes yeux ? — M. En ceci : tu dis que la figure, c'est ce qui est toujours accompagné de la couleur. Soit, mais si on te dit qu'on ne sait pas ce qu'est la couleur, et qu'on n'est pas moins embarrassé à son sujet qu'à propos de la figure, quelle valeur crois-tu pouvoir accorder à ta réponse ? — S. Pour ma part, je la crois vraie... Mais je vais essayer de t'en donner une autre. Dis-moi, il y a quelque chose que tu appelles : fin ? je veux dire : limite, extrémité ; pour moi, c'est tout un ; Prodicos, peut-être, y verrait quelque différence, mais toi, il y a bien quelque chose dont tu dis : « c'est terminé, c'est fini » ; c'est de quelque chose de tel que je veux parler, sans aucune complication. — M. Oui, j'emploie ces expressions, et je pense comprendre ce que tu veux dire. — S. Poursuivons : il y a une chose que tu appelles : surface, et il y a une autre que tu appelles : solide, tels les objets de la géométrie ? — M. C'est vrai, je me sers de ces mots. — S. Dès lors, à partir de ces mots, tu vas comprendre ce que j'appelle : figure. En effet, de toute figure je dis ceci : la limite où se termine le solide, c'est cela la figure ; en bref, je dis : la figure c'est la limite du solide.

— M. Et la couleur, Socrate, que dis-tu qu'elle est ? — S. Tu abuses, Ménon, [...] Mais je veux te complaire et je vais te répondre... Veux-tu que je le fasse à la manière de Gorgias pour que tu suives au mieux ? — M. Bien sûr, comment ne pas y consentir ? — S. Vous dites, n'est-ce pas, à la suite d'Empédocle, qu'il y a des effluves qui émanent des choses ? — M. C'est exact. — S. Et aussi qu'il y a des pores vers lesquels et à travers lesquels les effluves s'acheminent ? — M. Il est vrai. — S. Et que parmi les effluves, il y en a qui sont proportionnées à certains des pores, tandis que d'autres sont de taille moindre ou supérieure ? — M. C'est bien cela. — S. D'autre part, il y a quelque chose que tu appelles : la vision. En suite de quoi, comme dit Pindare « comprends bien ce que je te dis » : la couleur, c'est un effluve de figures que sa proportion à la vision rend sensible. — M. Excellente réponse, à mon avis, Socrate. — S. Sans doute parce qu'elle se conforme à ta manière habituelle et aussi, je pense, parce que tu t'es avisé qu'elle te procure le moyen de dire ce qu'est la voix, l'odorat, et autres choses du même genre. — M. Bien sûr. — S. C'est le mode « tragique » de cette réponse qui fait qu'elle te séduit davantage que celle que je t'ai proposée au sujet de la figure. — M. Il est vrai — S. Pourtant ce n'est pas elle qui a le plus de valeur, j'en suis bien convaincu, c'est l'autre et je pense que tu en serais convaincu, toi aussi, si tu n'étais pas obligé de nous quitter avant les Mystères, et si tu restais pour recevoir l'initiation. — M. Mais je resterai, Socrate, si tu me dis beaucoup de choses de ce genre. — S. Pour t'en dire de ce genre, dans ton intérêt et dans le mien, ce n'est pas la bonne volonté qui me fait défaut ; mais je crains de n'être pas capable de t'en dire beaucoup.

Ménon, 75b-77a

3. LA MULTIPLICITÉ ET L'EXIGENCE D'UNITÉ

[SOCRATE-THÉÉTÈTE]

— S. Allons, Théétète, fais-moi bonne et forte réponse : dis-moi ce qu'est la science, à ton avis. — T. Eh bien, il me semble que toutes les choses que l'on peut apprendre auprès de Théodore : géométrie, harmonie, calcul, sont des sciences ; d'autre part, la cordonnerie et les autres techniques artisanales, prises une à une ou toutes ensemble, ce n'est rien d'autre que science. — S. Quelle vigueur et quelle générosité, mon cher ! c'est le multiple que tu donnes, alors qu'on te demandait l'un, le divers au lieu du simple. — T. Que veux-tu dire par là, Socrate ? — S. Rien, peut-être, mais je vais te dire ce que je pense. Quand tu cites la cordonnerie, tu n'as rien d'autre en tête que la science de la fabrication des chaussures ? — T. Rien d'autre. — S. La menuiserie, rien d'autre que la science de la fabrication d'objets en bois ? — T. Rien d'autre. — S. Ainsi dans les deux cas, c'est l'objet de la science que tu définis ? — T. Oui. — S. Mais ce n'est pas ce qu'on te demandait, Théétète ; on ne te demandait ni quels sont les objets de la science, ni combien il y a de sciences ? En t'interrogeant, on ne se proposait pas de les dénombrer : on voulait savoir ce que peut bien être la science en elle-même. Ma remarque est dépourvue de sens ? — T. Elle est tout à fait pertinente. — S. Examine encore ceci : suppose qu'on nous interroge sur quelque chose de commun et de banal, que, par exemple, on nous demande : qu'est ce que la boue ? si nous répondions : il y a la boue des potiers, la boue des modeleurs, la boue des briquetiers, ne serions-nous pas ridicules ? — T. Peut-être. — S. Ridicules d'abord de supposer que celui qui nous interroge puisse tirer quelque lumière d'une réponse qui consiste à énoncer le mot : boue, en y ajoutant : de fabricant de poupées, ou de quelque autre artisanat. Car le moyen de comprendre le nom d'une chose dont on ne sait pas ce qu'elle est ? — T. C'est impossible. — S. Par conséquent l'expression : science de la chaussure, est inintelligible si on ne sait pas ce qu'est la science. — T. C'est vrai. — S. Ainsi qui ignore : science, ne comprendra pas : cordonnerie, non plus qu'aucune autre technique ? — T. C'est juste. — S. C'est donc une réponse dérisoire à la question : qu'est-ce que la science ? que de citer le nom d'une technique. Car en citant l'objet d'une science, on ne répond pas à la question posée. — T. Apparemment. — S. En second lieu, on s'engage sur une voie qui ne mène nulle part, alors qu'on dispose sans doute d'une réponse banale et brève. Telle la réponse banale et simple à la question : qu'est-ce que la boue ? C'est un mélange de terre et d'eau, sans avoir cure de qui l'utilise. — T. Cette fois, Socrate, à prendre la chose ainsi, elle me paraît facile. Il y a la chance que ta question ressemble à celle dont nous venons de discuter... Voici ce que Théodore venait de nous démontrer concernant les racines carrées : les côtés (ou racines) de carrés valant trois pieds carrés et cinq pieds carrés ne sont pas commensurables en longueur avec la ligne qui représente un pied. Il poursuivit sa démonstration, cas par cas, jusqu'à la racine de dix-sept pieds carrés, et, je ne sais pourquoi, n'alla pas plus loin. Voyant que de toute évidence ces racines étaient en nombre infini, l'idée nous vint d'essayer de les rassembler sous un terme unique nous permettant de désigner toutes ces racines... — S. Eh bien, Théétète, poursuis dans la voie que tu viens de tracer parfaitement. Prends modèle sur ta réponse à la question des racines : de même que tu as su comprendre leur pluralité sous l'unité d'une forme, essaie maintenant d'appliquer à la pluralité des sciences l'unité d'une définition.

Théétète, 146c-148d

4. LA DÉFINITION MULTIPLE

[MÉNON-SOCRATE]

— M. C'est bien facile, Socrate, de te dire ce qu'est la vertu. Facile de te dire, si tu veux bien commencer par la vertu de l'homme, en quoi consiste celle-ci : être capable de gérer les affaires de l'État, et ce faisant, bien traiter ses amis, maltraiter ses ennemis, en se gardant d'être soi-même maltraité. Passons si tu veux, à la vertu de la femme : il est aisé de discerner qu'il lui faut bien gérer sa maison, en entretenant son intérieur et en se montrant soumise à son mari. La vertu de l'enfant est encore différente, et même selon qu'il s'agit d'une fille ou d'un garçon, autre encore celle du vieillard, celle de l'homme libre, celle de l'esclave, si tu veux. Et comme il y a encore une foule d'autres vertus, on n'est pas en peine de dire ce qu'est la vertu ; selon chacune des activités, selon chaque âge, il y a vertu pour chacun d'entre nous en chacune de ses œuvres ; et je pense qu'il en va de même pour le vice, Socrate. — S. Apparemment, j'ai la main heureuse, Ménon : je cherchais une seule vertu et j'en trouve tout un essaim chez toi. Mais pour garder cette image de l'essaim, suppose que je t'aie demandé de me définir la nature de l'abeille et que tu m'aies dit qu'il y en a beaucoup et de toutes sortes, que me répondrais-tu si je te disais : « Entends-tu par là que c'est du fait d'être abeilles qu'elles sont multiples, de toutes sortes et différentes entre elles, ou bien au contraire me dirais-tu qu'elles ne diffèrent en rien à cet égard, mais que ce qui les différencie c'est la beauté, ou la grandeur ou quelque autre chose de ce genre ? » Dis-moi que répondrais-tu à la question ainsi posée ? — M. Je répondrais qu'elles ne diffèrent en rien les unes des autres en tant qu'elles sont abeilles. — S. Là-dessus, si j'enchaînais : « Voyons, Ménon, dis-moi précisément ceci : ce par quoi elles ne diffèrent en rien mais qui fait leur identité à toutes, qu'est-ce au juste, selon toi ? », tu aurais sans doute une réponse à me faire ? — M. Sans doute. — S. Eh bien, il en va de même pour les vertus : si nombreuses et diverses soient-elles, toutes n'en ont pas moins un certain caractère identique qui en fait des vertus ; c'est en dirigeant le regard vers ce caractère unique qu'on se met à même de répondre à qui demande qu'on lui fasse voir ce qui se trouve être la vertu.

Ménon, 71e-72c

5. L'UNITÉ DE VALEUR

[SOCRATE-MÉNON]

— S. Est-ce que tu saisis bien ce que je veux dire ? — M. Je crois te comprendre, mais je ne saisis pas comme je le voudrais ce qui est demandé. — S. Est-ce uniquement de la vertu que tu estimes, Ménon, qu'elle est différente chez l'homme, chez la femme, etc., ou en penses-tu autant de la santé, de la taille et de la force ? crois-tu que la santé de l'homme diffère de celle de la femme ? n'y a-t-il pas partout un caractère identique, dès lors qu'il y a santé, que ce soit chez un homme ou chez quelque autre être ? — M. Il me semble que la santé est identique chez l'homme et chez la femme. — S. De même la taille et la force ? Dans le cas précis où c'est une femme qui est forte, c'est par le même caractère et par la même force qu'elle est forte. Je dis : le même, parce que la force n'en est pas moins la force pour se trouver chez un homme ou chez une femme ; y vois-tu une différence ? — M. Non. — S. Et la vertu différera-t-elle en quoi que ce soit de la vertu selon qu'elle se trouvera chez un enfant ou chez un vieillard, chez une femme ou chez un homme ? — M. Il me semble, Socrate, que ce cas n'est plus tout à fait le même que les précédents. — S. En quoi ? ne m'as-tu pas dit que la vertu de l'homme consistait à bien gérer l'État, celle de la femme à bien gérer sa maison ? — M. Oui. — S. Mais est-il possible de bien gérer quoi que ce soit, État ou maison, sans le gérer avec modération et justice ? — M. Non bien sûr. — S. Ainsi, si c'est précisément de façon juste et modérée qu'on gère, n'est-ce pas du fait de la justice et de la modération qu'on le fait ? — M. Nécessairement. — S. Ainsi donc c'est des mêmes choses que l'un et l'autre, l'homme et la femme, ont besoin pour être vertueux de la justice et de la modération. — M. C'est ce qui apparaît. — S. Et ceci ? enfant et vieillard, s'ils sont indisciplinés et injustes, se pourrait-il qu'ils se montrent jamais vertueux ? — M. Assurément non. — S. Il faut qu'ils soient modérés et justes ? — M. Oui. — S. Ainsi tous les hommes, c'est en même manière qu'ils sont vertueux, puisque c'est par l'acquisition des mêmes choses qu'ils le deviennent ? — M. C'est ce qu'il semble. — S. Et si ce n'était pas la même vertu qu'ils avaient, sans doute ne serait-ce pas en même façon qu'ils seraient vertueux ? — M. Assurément non.

Ménon, 72d-73c

6. LES PARTIES ET LE TOUT

[SOCRATE-PROTAGORAS]

— S. La vertu est-elle une chose unique, dont justice et piété sont des parties, ou bien les vertus que je viens d'énumérer sont-elles autant de dénominations de la même chose, qui est unique ? Voilà ce que je voudrais encore savoir. — P. Il est facile de te répondre, Socrate : la vertu est une, et les qualités dont tu parles en sont des parties. — S. Est-ce à la façon dont les parties du visage, la bouche, le nez, les yeux et les oreilles en sont des parties ? ou bien à la façon dont les parties d'un lingot d'or ne diffèrent en rien les unes des autres, ni du tout, si ce n'est sous le rapport de la grandeur et de la petitesse ? — P. À la première manière, à mon avis, comme les parties du visage par rapport au visage entier. — S. Les hommes ont-ils part, les uns à telle des parties de la vertu, les autres à telles autres, ou bien les possède-t-on nécessairement toutes dès lors qu'on en possède une ? — P. Nullement, puisqu'il ne manque pas d'hommes qui sont courageux sans être justes, d'autres qui sont justes sans être sages. — S. Ainsi tu mets également le courage et le savoir au nombre des parties de la vertu ? — P. Au premier chef, et le savoir est même la partie principale. — S. Et chacune de ces parties est différente de l'autre ? — P. Oui. — S. Chacune a-t-elle sa qualité propre, comme les parties du visage ? l'œil n'est pas tel que l'oreille et n'a pas la même fonction ; aucune n'équivaut aux autres ni dans la fonction ni dans les autres propriétés. Est-ce également de cette façon que les parties de la vertu diffèrent entre elles, tant en elles-mêmes que dans leurs propriétés ? N'est-ce pas ce qu'elles manifestent, si du moins on se confie au paradigme ? — P. C'est bien ce qu'il en est. — S. Ainsi aucune partie de la vertu qui n'est pas savoir n'équivaut au savoir, et de même pour la justice, le courage, la tempérance ? — P. Non. — S.

Alors examinons la nature propre de chacune d'elles. Commençons par procéder ainsi : la justice est-elle une chose déterminée ou non. Pour moi, c'en est une, et pour toi ? — P. Pour moi aussi. — S. Si on nous demandait à tous deux : cette chose déterminée que vous venez de nommer, la justice, est-elle, prise en elle-même, juste ou injuste ? pour ma part, je répondrais qu'elle est juste, mais toi ? — P. Moi aussi. — S. Ainsi, je répondrais : être juste, telle est la caractéristique de la justice. Pas toi ? — P. Si. — S. Si on nous demandait ensuite, la piété également, vous dites que c'est une chose déterminée ? Je crois que nous répondrions affirmativement ? — S. Oui. — P. De cette chose, en elle-même, dites-vous qu'elle est par nature pieuse ou impie ? Cette question m'indignerait et je répondrais : ne blasphème pas, quelle autre chose serait pieuse si la piété en elle-même ne l'était pas. Ne serait-ce pas ta réponse ? — P. Tout à fait.

Protagoras, 329c-330e

7. UNITÉ, RESSEMBLANCE ET DIFFÉRENCE

[SOCRATE-PROTAGORAS]

— S. Si on te disait : « C'est vrai, Protagoras, que tu soutiens que chaque partie de la vertu est différente des autres ? est-ce bien là ta thèse ? » que répondrais-tu ? — P. Je serais forcé d'en convenir, Socrate. — S. Après avoir convenu de cela, que répondrions-nous si on poursuivait : « Ainsi la piété n'est pas ce qu'est une chose juste, non plus que la justice ce qu'est une chose pieuse, mais bien ce qu'est une chose qui n'est pas pieuse, et la piété est du non-juste ; mais est-ce à dire que la piété est injustice et le juste impie ? », quelle réponse ferions-nous ? Pour ma part, parlant en mon nom je dirais que la justice est une chose pieuse et la piété chose juste ; et en ton nom, avec ta permission, ce sont ces mêmes choses que je répondrais : que la justice est quelque chose d'identique à la piété ou de tout à fait semblable, et au premier chef que la justice est semblable à la piété et la piété semblable à la justice. À toi de voir si tu m'interdis de répondre ainsi, ou si nous sommes d'accord. — P. Il ne me semble pas que la chose soit assez simple pour que j'accorde que la justice est quelque chose de pieux et la piété quelque chose de juste ; il me semble qu'il y a là quelque différence. [...] Il est vrai que la justice a quelque ressemblance avec la piété, car n'importe quoi ressemble à n'importe quoi, d'une manière ou d'une autre : d'une certaine manière le blanc ressemble au noir, le dur au mou, et de même pour toutes les choses qui paraissent les plus contraires entre elles ; ce que nous disions tout à l'heure avoir fonction différente et comporter de la différence, les parties du visage, ne sont pas cependant sans ressemblance entre elles et d'une certaine manière l'une est telle que l'autre, de sorte qu'avec ce procédé, tu prouverais, si tu le voulais, que toutes choses sont semblables entre elles. Mais il n'est pas juste de nommer semblables des choses qui ont un point de ressemblance, ni dissemblables celles qui diffèrent en quelque chose, si faible que soit, d'autre part, leur ressemblance. — S. Et moi, étonné, je lui dis : Ainsi le rapport du juste et du pieux est tel, à tes yeux, qu'il n'existe entre eux qu'une faible ressemblance ? — P. Ce n'est pas tout à fait cela, mais ce n'est pas non plus ce que tu me parais croire.

Protagoras, 331a-332a

8. L'ESPÈCE ET LE GENRE

[SOCRATE-EUTHYPHRON]

— S. Vois s'il ne te semble pas nécessaire que tout ce qui est pieux soit juste. — E. C'est bien mon avis. — S. Mais est-ce à dire que tout ce qui est juste est pieux, ou bien que, alors que tout ce qui est pieux est juste, ce qui est juste n'est pas pieux en totalité ; pour une part, il est pieux, pour une autre, il est autre. — E. Je perds le fil, Socrate. — S. Pourtant tu es plus jeune que moi, Euthyphron, et tu l'emportes en savoir plus que je ne l'emporte en âge ; mais, je te l'ai dit, ta richesse en savoir te rend nonchalant. Allons, homme fortuné, secoue-toi ! ce que je dis n'est pas difficile à comprendre : je dis exactement le contraire du poète disant : « là où il y a crainte, il y aussi respect ». Là-dessus, je ne suis pas d'accord avec le poète ; veux-tu que je te dise en quoi ? — E. Bien sûr. — S. Je ne crois pas que là où il y a crainte il y a aussi respect, car il me semble qu'il ne manque pas de gens qui craignent maladie, pauvreté, etc., sans respecter ce qu'ils craignent. Ne crois-tu pas ? — E. Absolument. — S. Mais là où il y a respect, il y a aussi crainte ; car y a-t-il quelqu'un qui, en respectant quelque chose et en ayant honte, n'éprouve pas en même temps de la peur et ne craigne la réputation de méchanceté ? — E. Il est bien certain qu'il la craint. — S. Donc, il n'est pas correct de dire : là où il y a crainte, il y a aussi respect ; il faut dire : là où il y a respect, il y a crainte, mais il n'y a pas toujours respect là où il y a crainte ; je pense que la crainte a plus d'extension que le respect : le respect est une espèce de crainte, comme l'impair est une espèce du nombre, en sorte que là où il y a nombre, il n'y a pas forcément impair, mais là où il y a impair, il y a forcément nombre. Est-ce que maintenant tu me suis ? — E. Tout à fait. — S. Telle était ma question quand je te demandais si là où il y a justice, il y a également piété, ou bien si, alors que là où il y a piété, il y aussi justice, cependant il n'y a pas toujours piété là où il y a justice, auquel cas la piété est une espèce de la justice. Soutiendrons-nous autre chose ? — E. Non, c'est cela, il me semble que tu as raison. — S. Alors vois ce qui s'ensuit : si la piété est une espèce de la justice, il me semble qu'il faut trouver quelle espèce de la justice est la piété. Si dans le cas précédent, tu m'avais demandé quelle espèce du nombre est le pair, quelle différence spécifique comporte ce nombre, je t'aurais répondu que c'est celui qui est divisible en deux entiers égaux. D'accord ? — E. Oui. — S. Alors, essaie en même façon de m'enseigner le caractère distinctif de l'espèce de la justice qu'est la piété.

Euthyphron, 11e-12e

9. DÉFINITION DU GENRE

[SOCRATE-MÉNON]

— S. Eh bien, puisque la vertu est identique à elle-même dans tous les cas, tâche de te rappeler et de me dire ce que Gorgias, et toi avec lui, vous prétendez qu'elle est. — M. Puisque tu t'enquiers de quelque chose d'unique dans tous les cas, qu'est-elle d'autre que la capacité de commander aux hommes ? — S. C'est en effet l'unité que je cherche, Ménon ; mais peux-tu dire que la vertu de l'enfant et de l'esclave soit identiquement d'être capables de commander au maître, et crois-tu que celui qui commande soit encore esclave ? — M. Je n'en crois rien, Socrate. — S. Ce n'est en effet pas vraisemblable, mon cher. Mais je voudrais encore que tu examines également ceci : à ta formule : « capacité de commander », n'ajouterons-nous pas la précision : « avec justice », et non pas : « en se montrant injuste » ? — M. C'est bien ma conviction, Socrate, car la justice est vertu. — S. Est-elle *la* vertu, Ménon, ou *une* vertu ? — M. Que veux-tu dire ? — S. Ce que je dirais de n'importe quoi d'autre, par exemple, de la rondeur, si tu veux, je dirais qu'elle est *une* figure et non pas qu'elle est tout bonnement *la* figure, tenant ainsi compte de l'existence d'autres figures. — M. C'est fort bien dit et je reconnais de mon côté qu'il y a d'autres vertus que la justice. — S. Lesquelles ? tout ainsi que je te citerais d'autres figures, si tu me le demandais, cite-moi d'autres vertus. — M. Eh bien, il me semble que le courage est une vertu, la tempérance, la sagesse, la générosité, et il y en a bien d'autres encore. — S. Nous voilà donc à nouveau victimes du même accident : alors que nous cherchions la vertu-une, c'est une multiplicité de vertus que nous trouvons ; il est vrai, d'autre façon, que tout à l'heure, mais la vertu-une, celle qui se retrouve en toutes ces vertus, nous sommes incapables de la découvrir. [...] Suppose que quelqu'un te dise : « Nous arrivons toujours à du multiple, et cela ne me va pas. » Puisque tu qualifies ces choses multiples d'un nom unique et que, selon toi, il n'en est aucune qui ne soit figure, bien que certaines soient contraires à d'autres, qu'est-ce donc que cela qui ne contient pas moins le rond que le droit et que précisément tu nommes : figure, en affirmant que ce qui est rond n'est pas moins figure que ce qui est droit. Car c'est bien ce que tu dis ? — M. C'est vrai. — S. Or, en parlant ainsi, est-ce que tu prétends que le rond n'est pas plus rond qu'il n'est droit, que le droit n'est pas plus droit qu'il n'est rond ? — M. Non, bien sûr. — S. Et pourtant, tu affirmes que le rond n'est pas plus figure que le droit, et que le droit ne l'est pas plus que le rond. — M. C'est vrai. — S. Que peut donc bien être celle, dont le nom est : la figure ? Essaie de me le dire. Si tu répondais à quelqu'un qui t'interrogerait en ces termes sur la figure et la couleur : « je ne comprends pas où tu veux en venir, je ne sais pas ce que tu veux dire », il serait sans doute étonné et te dirait : « ne comprends-tu pas que je m'enquiers de *ce qui s'applique identiquement à toutes ces choses ?* » Serais-tu également incapable de répondre à la question : « qu'est-ce que ce qui, au rond, au droit et à toutes les choses que tu appelles des figures, s'applique identiquement à toutes ces choses ? » Essaie donc de me le dire, afin que cela te serve en même temps d'exercice qui te prépare à me répondre sur la vertu.

Ménon, 73c-75a

10. L'UN ET LE MULTIPLE

a) Le plaisir et les plaisirs.

[SOCRATE-PROTARQUE]

— S. Quant au plaisir, je sais à quel point il est divers et, je viens de le dire, c'est sur lui qu'il nous faut commencer à réfléchir et à examiner quelle nature il a. Car, à l'entendre ainsi nommer, il est une chose unique, mais il est certain qu'il prend toutes sortes de formes et même *dissemblables* entre elles d'une certaine façon. Vois plutôt : nous disons que l'homme le plus incontinent s'adonne au plaisir, mais nous disons aussi que l'homme tempérant tire du plaisir de sa tempérance même ; à son tour l'insensé, plein d'opinions et d'espérances insensées, a du plaisir, tandis que le raisonnable prend plaisir au fait même d'être raisonnable. Comment ne passerait-il pas justement pour insensé celui qui prétendrait que ces deux sortes de plaisirs sont semblables l'une à l'autre ? — P. Mais Socrate, pour provenir de conditions opposées ces plaisirs eux-mêmes n'en sont pas pour cela opposés. Car comment un plaisir ne serait-il pas, plus que tout, semblable à un plaisir ; ce qu'il est, à cela même qu'il est ? — S. En effet, divin ami, une couleur aussi est tout ce qu'il y a de plus semblable à une couleur ; du moins en cela même qu'elle est, la couleur ne diffère absolument pas, encore que nous sachions tous que du noir au blanc la différence va jusqu'à la contrariété. On en dira autant du rapport d'une figure à une figure : par le genre, tout ce qui est figure est un, mais relativement aux parties de ce tout, certaines parties se trouvent être au plus haut point contraires, d'autres sont différentes à l'infini ; et nous trouverons bien d'autres choses qui se présentent de la même façon. Aussi garde-toi d'accorder ta confiance à cet argument qui fait une unité de toutes les choses les plus contraires. Or, j'ai bien peur que nous ne trouvions certains plaisirs opposés à d'autres plaisirs. — P. Il se peut, mais quel tort cela fait-il à notre argument ? — S. C'est qu'à ces choses dissemblables, c'est un autre nom, dirons-nous, que tu appliques : car tu dis que toutes les choses qui font plaisir sont bonnes. Or que les choses plaisantes ne soient pas plaisantes, aucune thèse ne le prétendra ; selon nous il en est de mauvaises (la plupart), d'autres sont bonnes ; pourtant c'est toutes que tu qualifieras de bonne tout en les reconnaissant dissemblables si on t'y contraint par le raisonnement. Qu'y a-t-il donc d'identiquement inhérent aux mauvais plaisirs aussi bien qu'aux bons qui te fait accorder à tous les plaisirs la qualification du bien ? — P. Que dis-tu là, Socrate ? crois-tu qu'on en conviendra et qu'après avoir identifié le plaisir et le bien, on souffrira que tu dises : certains plaisirs sont bons, d'autres mauvais ? — S. Mais tu avoueras au moins qu'ils sont dissemblables entre eux et que certains sont contraires ? — P. Pas en tant que plaisirs en tout cas. — S. Nous voilà revenus à la même thèse, Protarque : il n'y a pas de plaisir qui diffère d'un plaisir, tous sont semblables, dirons-nous, et sans nous laisser toucher par les exemples que nous avons cités tout à l'heure, nous nous mettons à parler tout à fait comme les gens les plus nuls qui soient et novices en matière d'argumentation. — P. Que veux-tu dire par là ? — S. Que si pour t'imiter et me défendre, j'ai l'audace de dire que le dissemblable est le plus semblable au plus dissemblable, je serais à même de parler comme toi : nous nous montrerons plus novices qu'il n'est permis, et notre dissension tournera court.

Philèbe, 12b-13d

b) Unité et multiplicité de la vertu.

[CLINIAS-L'ÉTRANGER D'ATHÈNES]

— C. Quant à nous, Étranger, n'est-ce pas de façon correcte que nous avons déterminé depuis longtemps ce qui doit servir de règle quand nous disions que toutes nos lois devaient se régler sur une chose *unique,* correctement nommée : *vertu,* nous en convenions. — É. Oui. — C. Or cette vertu nous la concevions comme quadruple. — É. Parfaitement. — C. À toutes nous donnions l'intelligence pour guide ; c'est sur elle que toutes doivent se régler, spécialement les trois autres. — É. Tu suis à merveille, Clinias, continue : Nous faisions de l'intelligence le pilote, le médecin et le général à l'égard de cette chose unique sur laquelle il faut se régler ; maintenant que nous en sommes venus à en faire le chef politique, adressons-nous à elle comme s'il s'agissait de l'homme : « Et vous, Excellence, sur quoi vous réglez-vous ? que peut bien être cette chose unique que l'intelligence médicale peut clairement désigner, alors que, vous, qui vous prétendez supérieure à tous les gens avisés, vous seriez incapable de l'énoncer ? » Est-ce vous, Mégille et Clinias, qui pourrez m'en faire à sa place l'analyse et me la définir, à la façon dont il m'est souvent arrivé de me substituer à autrui pour vous proposer des définitions ? — C. Nous en sommes bien incapables, Étranger. — É. Quelle est donc cette chose qu'il faut s'appliquer à considérer à la fois en elle-même et dans le multiple où elle se manifeste ? — C. Quel multiple veux-tu dire, par exemple ? — É. Par exemple, quand nous disions qu'il y a quatre espèces de vertus, il est évident qu'il faut que nous disions que chacune est une, puisqu'elles sont quatre. — C. Bien sûr. — É. Et pourtant, c'est un nom unique que nous attribuons à toutes : du courage nous disons qu'il est vertu, de la sagesse qu'elle est vertu, et ainsi des deux autres, comme si réellement elles n'étaient pas multiples, mais cette chose unique : la vertu. — C. Absolument. — É. Or en quoi diffèrent les deux premières et pourquoi elles ont reçu deux noms, ainsi que les deux autres, il n'y a aucune difficulté à le dire ; mais pourquoi nous leur avons donné à toutes deux, ainsi qu'aux autres, l'unique dénomination de vertu, voilà qui devient difficile. — C. Que veux-tu dire ? — É. Ce que je veux dire, il est bien facile de le mettre en évidence. Distribuons entre nous la demande et la réponse. — C. De nouveau, qu'entends-tu par là ? — É. Demande-moi pourquoi, tout en les qualifiant toutes les deux identiquement de vertu, nous les distinguons cependant en appelant l'une, courage et l'autre, sagesse. Car je t'en dirai la raison : c'est que l'une, le courage, concerne la crainte, et même les bêtes y ont part ainsi que les caractères des tout jeunes enfants ; car, en l'absence de la raison et par nature, une âme naît courageuse, alors qu'au contraire, en l'absence de la raison, il n'y a jamais eu, il n'y a et il n'y aura jamais d'âme douée de sagesse et d'intelligence, ce qui prouve que c'est là autre chose que le courage. — C. Tu dis vrai. — É. Ainsi donc la raison pour laquelle elles diffèrent et font deux, mon argument vient de te l'apprendre ; à ton tour de me dire en quoi elles sont une seule et même chose. Considère aussi que tu vas me dire comment, tout en étant quatre, elles sont une, et après m'en avoir montré l'unité, demande-moi à mon tour comment elles sont quatre. Après quoi, voici ce que nous examinerons : pour avoir une connaissance suffisante de quoi que ce soit qui possède un nom et qui possède en outre une définition, suffit-il de savoir le nom alors qu'on ignore la définition, ou bien n'est-ce pas une honte d'ignorer tout cela lorsqu'on est quelqu'un et qu'il s'agit des choses aussi éminentes en valeur et en beauté ? ...

... Mais ne disions-nous pas que l'artisan et le gardien des lois émérites en tous points se devaient non seulement d'être capables de prendre en considération le multiple, mais aussi de se hâter de connaître l'un, et dès qu'ils le connaissent d'y ordonner synoptiquement tout le multiple ? — C. C'est juste. — É. Est-il possible qu'il existe pour quiconque et sur quelque objet que ce soit une méthode permettant l'examen et l'intuition plus exacte que celle qui consiste à se montrer capable, en partant du multiple et de sa diversité de diriger le regard vers une Forme unique ? — C. Peut-être as-tu raison. — É. Non pas peut-être, mais à coup sûr, mon cher, il n'existe pour personne de méthode plus évidente que celle-là... Il semble donc qu'il faille obliger les gardiens de notre divine constitution à commencer par discerner exactement ce qui se trouve être identique dans ces quatre valeurs, l'unité que nous impliquons dans le courage, la tempérance, la justice et la prudence, lorsque nous prétendons qu'il est légitime de les désigner par le nom unique de vertu.

Lois XII, 963a-965d

E. — LES HYPOTHÈSES ET LEURS CONSÉQUENCES

[SOCRATE-CRATYLE]

— S. Si dans la recherche des choses on prend les noms pour guides, en examinant le sens de chacun d'eux, as-tu réfléchi, Cratyle, au grand danger que l'on court ? — C. Quel est-il ? — S. Il est évident que le premier qui institua les noms a calqué les dénominations sur les conceptions qu'il avait des choses ; c'est notre avis, n'est-ce pas ? — C. Oui. — S. Suppose donc qu'il en ait décidé sur la base de conceptions qui n'étaient pas correctes, que crois-tu qu'il puisse nous arriver à nous qui le suivons, sinon d'être induits en erreur ? — C. Mais prends garde qu'il n'en soit pas ainsi, Socrate, et que ce soit nécessairement en connaissance de cause qu'il ait institué les noms, faute de quoi il n'y aurait même pas de noms, comme je le soutenais naguère. La meilleure preuve qu'il n'a pas manqué la vérité, c'est que sans cela il n'aurait jamais trouvé un accord aussi complet. N'avais-tu pas toi-même, en parlant, conscience d'une identité de rapport et d'objet dans la formation de tous les noms ? — S. Mais mon brave Cratyle, cela n'a rien d'une justification. Car suppose que celui qui institue les noms commette une erreur initiale à laquelle il ramènerait de force toute la suite et la contraindrait à être d'accord avec lui-même, il n'y aurait rien d'étonnant, comme dans les figures géométriques quand il arrive qu'une erreur minime et imperceptible se produit au début, si tout le reste des nombreuses erreurs consécutives s'accordaient entre elles. C'est donc au *principe* qu'en toute chose tout le monde doit consacrer l'essentiel du raisonnement et de la recherche pour voir s'il est posé correctement ou non. Et c'est quand il a été suffisamment mis à l'épreuve qu'il est évident que le reste s'ensuit.

Cratyle, 436bd

[SOCRATE]

Tu te récrierais que tu ne connais pas d'autre manière pour chaque chose de venir à être que de participer à l'essence propre de chaque être dont elle doit participer [1]. [...] Voilà comment tu répondrais, toi, qui crains jusqu'à ton ombre, comme on dit, et te défies de ton inexpérience, en t'en tenant à l'infaillibilité de ton hypothèse. Et si quelqu'un s'en prenait à cette hypothèse, tu ferais la sourde oreille et tu examinerais si les conséquences qui en découlent sont consonantes ou dissonantes. Puis, lorsque le moment serait venu où il te faudrait rendre raison de cette hypothèse elle-même, tu le ferais selon la même méthode, c'est-à-dire en posant de nouveau une hypothèse, celle des hypothèses supérieures qui te paraîtrait la meilleure, jusqu'à ce tu parviennes à quelque chose de suffisant. Et du même coup tu éviterais la confusion où tombent les controversistes, qui

1. « Le Socrate du Phédon a cru que la nature des Formes était une cause suffisante du devenir. Reprochant aux autres de n'avoir rien dit qui vaille sur la question, il suppose que, parmi les êtres, il y a, d'une part, les Formes, et, d'autre part, ce qui participe aux Formes, et que chaque être est dit exister selon sa Forme, venir à être selon la participation à cette Forme et disparaître selon la perte de cette Forme. De sorte que, si cela est vrai, Socrate pense que les Formes sont nécessairement la cause de la génération et de la corruption. » Aristote, *De gen. et corr.*, 335b.

consiste à discuter en même temps du principe et des conséquences qui en découlent, dans la mesure même où tu te proposes de trouver quelque chose de vrai.

Phédon, 101ce

VI. LA CONCEPTION DU SAVOIR

A. DE L'IGNORANCE AU SAVOIR

1. SAVOIR, SCIENCE ET SAGESSE

[SOCRATE-THÉÉTÈTE]

— S. Dis-moi, Théétète, auprès de Théodore, je suppose que tu apprends de la géométrie ? — T. Oui. — S. Et tu t'instruis également en astronomie, en harmonie et en calcul ? — T. Du moins je fais de mon mieux. — S. C'est également ce que je fais pour ma part auprès de lui et de tous ceux que je suppose avoir quelque compétence en ces matières. Là-dessus tout irait assez bien pour moi, s'il n'y avait un petit point qui m'embarrasse et qu'il faut que j'examine avec toi et ceux qui sont présents. Dis-moi : apprendre c'est bien devenir plus savant en ce qu'on apprend ? — T. Bien sûr. — S. Et c'est le savoir qui rend les gens savants ? — T. Oui. — S. Mais cela diffère-t-il en rien de la science ? — T. De quoi veux-tu parler ? — S. Du savoir. Quand on a la science de quelque chose, n'y est-on pas savant ? — T. Cela va de soi. — S. Ainsi science et savoir, c'est la même chose ? — T. Oui. — S. Eh bien, voilà précisément le point qui m'embarrasse : je n'arrive pas à me satisfaire sur ce que peut bien être la science.

Théétète, 145c-145e

2. CRITÈRES ET OBJETS DU SAVOIR ET DE L'IGNORANCE

[SOCRATE-ALCIBIADE]

— S. Ne sais-tu pas que ceux qui se disposent à enseigner quoi que ce soit doivent commencer par le savoir eux-mêmes ? — A. Bien sûr. — S. N'est-il pas vrai que ceux qui savent doivent s'accorder entre eux et ne pas différer ? — A. Si. — S. Là où ils diffèrent, diras-tu qu'ils savent ? — A. Non certes. — S. Dès lors comment pourraient-ils l'enseigner ? — A. Cela ne se peut. — S. Voyons, est-ce que les gens paraissent différer sur ce qui est pierre ou bois ? et est-ce qu'ils ne se dirigeront pas vers elles s'ils veulent prendre une pierre ou du bois ? et ainsi du reste en ce genre de choses. Car, sauf erreur, c'est bien là ce que tu appelles savoir parler le grec ? — A. Oui. — S. Ainsi, comme nous disions, là-dessus ils s'accordent tous entre eux et chacun en particulier avec lui-même, et publiquement les États ne contestent pas là-dessus, les uns prétendant ceci, les autres cela. — A. Non en effet. — S. Ainsi il est vraisemblable qu'ils soient de bons maîtres, en ce domaine du moins. — A. Oui. — S. Et si nous voulions mettre quelqu'un à même de savoir cela, n'est-ce pas à bon droit que nous l'adresserions à cette école de tout le monde ? — A. Bien sûr. — S. Maintenant, au cas où nous aurions désiré qu'il sût non seulement qui est homme et qui est cheval, mais quels sont ceux d'entre eux qui sont doués pour la course, est-ce encore tout le monde qui serait capable de l'enseigner ? — A. Non certes. — S. Est-ce pour toi un indice suffisant du fait que tous ne le savent pas et ne sont pas des maîtres habilités en ces matières, qu'ils ne soient nullement d'accord entre eux là-dessus ? — A. Oui. — S. Maintenant, si nous voulions qu'il sache non seulement qui est homme, mais quels hommes sont bien portants et quels hommes malades, est-ce que tout le monde serait capable de l'enseigner ? — A. Non certes. — S. N'aurais-tu pas un indice suffisant du fait que ce sont de mauvais maîtres en la matière, si tu les trouves en désaccord ? — A. Si. — S. Et maintenant, s'agissant des choses et des hommes qui sont justes et injustes, est-ce que tous les gens te paraissent s'accorder avec eux-mêmes et entre eux ? — A. Il s'en faut bien ! — S. Bien plus, n'est-ce pas là-dessus qu'ils te paraissent le plus en désaccord ? — A. Si fait. — S. Du moins je ne crois pas que tu aies jamais vu ou entendu dire qu'il y eût des gens en désaccord sur la santé et la maladie de certains au point de se battre et de s'exterminer entre eux ? — A. Non certes. — S. En revanche sur le juste et l'injuste, même si tu n'en as pas vu, je suis bien sûr que tu en as entendu rapporter maints exemples, notamment par Homère, dont tu connais les récits dans l'Iliade et l'Odyssée. — A. Bien sûr. — S. Poèmes dont le sujet est le dissentiment sur le juste et l'injuste ? — A. Oui. — S. C'est ce dissentiment qui fit naître guerre et mort chez les Achéens aussi bien que chez les Troyens, entre Ulysse et les prétendants de Pénélope ? — A. Tu dis vrai. — S. C'est encore, je pense, pour la même raison que périrent à Tanagra Athéniens, Lacédémoniens et Béotiens et plus tard ceux de Coronée, au nombre desquels ton père Clinias trouva la mort. Il n'y a pas d'autre cause à ces morts et à ces combats que le désaccord sur le juste et l'injuste, n'est-ce pas ? — A. C'est vrai. — S. Dirons-nous qu'ils ont la connaissance des choses sur lesquelles ils diffèrent au point d'en venir dans leur mutuelle contestation à de telles extrémités ? — A. Il ne le semble pas. — S. Ainsi c'est à de tels maîtres que tu t'en rapporte tout en convenant toi-même qu'ils ne savent pas ? — A. Il se peut. — S. Quelle apparence y a-t-il que tu connaisses ce qui est juste et ce qui est injuste, à te voir à ce point errant sur ces choses que manifestement tu n'as apprises de personne, ni trouvées toi-même ?

Alcibiade, 111a-112d

3. L'ERRANCE, SIGNE DE L'IGNORANCE

[SOCRATE-MÉNON]

— S. Les honnêtes gens veulent-ils se charger eux-mêmes d'enseigner la vertu ? s'accordent-ils sur leur qualité de maîtres de vertu et sur le fait que la vertu peut s'enseigner ? — M. Par Zeus non, Socrate : tu pourras les entendre dire tantôt qu'elle s'enseigne, tantôt qu'elle ne s'enseigne pas. — S. Pouvons-nous qualifier de maîtres en cette manière des gens qui ne sont pas d'accord sur ce point même ? — M. Je ne crois pas. — S. Mais quoi ? Les sophistes, qui sont les seuls à se proclamer maîtres de vertu, les tiens-tu pour tels ? — M. Socrate, ce qui me plaît le plus chez Gorgias, c'est que jamais tu ne pourrais l'entendre faire une promesse de ce genre ; bien plus, il se moque de ses confrères lorsqu'il les entend la faire ; à son avis, celle qu'il faut faire, c'est celle de former des gens habiles à parler. — S. Ainsi les sophistes ne te paraissent pas être des maîtres de vertu ? — M. Je ne saurais dire, Socrate, car j'en suis exactement au même point que les autres : tantôt je pense qu'ils le sont, et tantôt non. — S. Sais-tu que vous n'êtes pas les seuls, toi et les hommes politiques, à croire tantôt que la vertu s'enseigne, tantôt qu'elle ne s'enseigne pas ? sais-tu que le poète Théognis dit la même chose ? — M. Dans quels vers ? — S. Dans les élégies où il dit : « avec ceux dont le pouvoir est grand, mange et bois, prends place parmi eux, sois-leur agréable, car des gens de bien tu apprendras le bien ; si tu te mêles aux méchants, tu perdras le jugement que tu as » [...] Vois-tu que dans ces vers il parle de la vertu comme d'une chose qui s'enseigne ? — M. C'est du moins ce qui me semble. — S. Ailleurs, un peu plus loin, il dit : « Si on pouvait créer de la raison et la mettre en l'homme, grands et nombreux salaires en reviendraient » à ceux qui seraient capables de faire cela, dit-il à peu près, et : « jamais celui qui est issu d'un père honnête ne deviendrait mauvais, s'il était persuadé par de sages conseils ; mais en l'instruisant tu ne feras jamais du méchant un homme de bien ». Te rends-tu compte que sur le même point il se dédit et tient des propos contraires ? — M. C'est évident. — S. Peux-tu me dire quelque autre domaine où d'un côté ceux qui se prétendent des maîtres non seulement sont reconnus comme incapables d'enseigner autrui, mais même comme ignorants pour leur compte, bien plus, comme ne valant rien en ce qu'ils prétendent enseigner ; tandis que d'autre part, ceux qui sont reconnus honnêtes gens pour leur compte tantôt affirment et tantôt nient que cela se puisse enseigner ? En quelque domaine que ce soit, prétendrais-tu que des gens aussi instables sont proprement des maîtres ? — M. Assurément non.

Ménon, 95a-96b

4. L'ERRANCE EST LA PIRE DES IGNORANCES

[ALCIBIADE-SOCRATE]

— A. Par les dieux, Socrate, je ne sais même plus ce que je dis et j'ai tout l'air de quelqu'un qui ne sait plus où il en est, car en te répondant je suis tantôt d'un avis, tantôt d'un autre. — S. Ignores-tu, mon cher, la nature de cette impression ? — A. Tout à fait. — S. Si on te demandait si tu as deux yeux ou trois, deux mains ou quatre ou quelque chose du même genre, crois-tu que tu répondrais tantôt ceci, tantôt cela, ou toujours la même chose ? — A. Ma foi, j'en suis à craindre de me tromper sur moi-même ! pourtant je crois que je répondrais toujours la même chose. — S. Et pour quelle raison, sinon parce qu'en ce cas tu sais ? — A. Oui, je pense. — S. Donc ce qui fait l'objet de tes réponses opposées, il est évident que tu ne le connais pas. — A. Probablement. — S. Sur le juste et l'injuste, le beau et le laid, ce qui est utile et ce qui ne l'est pas, tu viens d'avouer l'errance de tes réponses ; n'est-il pas évident que ton errance s'explique par ton ignorance de ces choses ? — A. Si. — S. Voici donc ce qu'il faut admettre : quand quelqu'un ne connaît pas une chose, son âme est nécessairement errante à son sujet. — A. Le moyen qu'il en soit autrement ! — S. Dis-moi maintenant : sais-tu comment tu pourrais monter au ciel ? — A. Non, par Zeus ! — S. Est-ce que là-dessus ton opinion varie aussi ? — A. Non certes. — S. En sais-tu la raison, ou veux-tu que je te la dise ? — S. Dis-la. — S. C'est que, mon cher, tu ne crois pas savoir ce que tu ne sais pas. — A. Que veux-tu dire ? — S. Voyons ensemble : es-tu errant sur ce que tu ne sais pas, mais tu sais ne pas savoir ? ainsi les recettes de cuisine, tu sais bien que tu n'y connais rien ? — A. Rien du tout. — S. Est-ce que tu as une opinion personnelle sur la façon de s'y prendre et en changes-tu, ou bien est-ce que tu t'en remets à celui qui sait ? — A. Je m'en remets à celui qui sait. — S. Ou encore : si tu naviguais en mer, est-ce que tu aurais une opinion sur la position à donner à la barre, et en changerais-tu, faute de savoir, ou bien, t'en remettant au pilote, te tiendrais-tu tranquille ? — A. Je m'en remettrais au pilote. — S. Tu ne varies donc pas sur les choses que tu ignores, si tu sais que tu les ignores. — A. Il me semble que non. — S. Ainsi, tu comprends que les erreurs de conduite également résultent de cette ignorance qui consiste à croire qu'on sait ce qu'on ne sait pas ? — A. Que veux-tu dire par là ? — S. Nous n'entreprenons de faire une chose que lorsque nous pensons savoir ce que nous faisons ? — A. Oui. — S. Ceux qui ne pensent pas le savoir s'en remettent à d'autres ? — A. Sans doute. — S. Ainsi les ignorants de cette sorte ne commettent pas d'erreur dans la vie, parce qu'ils s'en remettent à d'autres de ce qu'ils ignorent. — A. Oui. — S. Quels sont donc ceux qui se trompent ? je ne pense pas que ce soit ceux qui savent ? — A. Non certes. — S. Alors, puisque ce ne sont ni ceux qui savent, ni ceux des ignorants qui savent qu'ils ne savent pas, restent ceux qui pensent qu'ils savent, bien qu'ils ne sachent pas. — A. Il ne reste en effet que ceux-là. — S. Croire savoir ce qu'on ne sait pas, voilà donc l'ignorance qui cause les maux, l'ignorance coupable. — A. Oui. — S. Et n'est-ce pas quand elle concerne les sujets d'importance majeure qu'elle est au plus haut point malfaisante et honteuse ? — A. Si fait. — S. Or peux-tu citer sujets plus importants que le juste, le beau, le bien, l'utile ? — A. Aucun. — S. Et n'est-ce pas sur ces sujets que tu confesses le flottement de ta pensée ? — A. Si. — S. Or si tu varies, n'est-il pas évident d'après ce que nous venons de dire que non seulement tu ignores les choses les plus importantes, mais encore que tout en ne les connaissant pas, tu crois les connaître. — A. Il se peut bien. — S. Hélas ! cher Alcibiade, dans quel fâcheux état te trouves-tu ! j'hésite à le qualifier ; pourtant profitant de ce que nous sommes entre nous, il faut le dire : c'est l'ignorance suprême que tu héberges, notre raisonnement t'en accuse, et tu t'en accuses toi-même, et c'est pour cela que tu te jettes dans la politique avant d'en être instruit.

Alcibiade, 116e-118b

5. L'IGNORANCE DES VALEURS : ERRANCE ET DISCORDE

[SOCRATE-EUTHYPHRON]

— S. La haine et les colères, mon cher ami, sur quels sujets le différend les suscite-t-il ? Examinons la chose de la façon suivante : suppose que nous soyons en désaccord, toi et moi, pour décider laquelle des deux choses est la plus grande en nombre, est-ce qu'un tel différend ferait de nous des ennemis et nous fâcherait l'un contre l'autre ? Est-ce que le recours au calcul n'aurait pas tôt fait de nous mettre d'accord en pareille matière ? — E. Si, bien sûr ! — S. Et si nous étions en désaccord sur ce qui est plus grand et plus petit, est-ce que le recours à la mesure ne mettrait pas rapidement un terme à notre différend ? — E. C'est un fait. — S. Et pour peu que nous recourions à la balance je crois que nous déciderions du plus lourd et plus léger ? — E. Comment en douter ? — S. Quel est donc le domaine où, un différend ayant surgi entre nous sans que nous puissions recourir à un arbitre, c'est la haine et la colère qui s'installeraient entre nous ? Dans le cas où tu n'aurais pas de réponse sous la main je te propose d'examiner si ce ne serait pas le domaine du juste et de l'injuste, du beau et du laid, du bien et du mal. Ne sont-ce pas là des sujets où en cas de différend entre nous et faute de recourir à un critère suffisant, nous deviendrons, le cas échéant, des ennemis, toi et moi et tous les autres hommes ? — E. C'est bien là le différend et les sujets qui sont en cause, Socrate.

Euthyphron, 7bd

6. L'ACQUISITION DU SAVOIR EST RÉMINISCENCE

[MÉNON-SOCRATE]

— M. Comment t'y prendras-tu, Socrate, pour te mettre en quête d'une chose dont tu ne sais absolument pas ce qu'elle est ? Parmi des choses que tu ne connais pas, laquelle choisiras-tu pour en faire l'objet de ton enquête ? Lors même que par la chance la plus favorable tu tomberais dessus comment saurais-tu que c'est ce que tu ne savais pas ? — S. Je te vois venir Ménon. Il ne t'échappe pas à quel point il est éristique l'argument que tu débites là : on ne peut chercher ni ce qu'on sait, ni ce qu'on ne sait pas, on ne cherche pas ce qu'on sait, car on le sait et on n'a nul besoin de le chercher ; on ne cherche pas ce qu'on ne sait pas, faute de savoir ce qu'on cherchera. — M. N'es-tu pas d'avis que c'est là un bon argument, Socrate ? — S. À mes yeux, il n'est pas bon. — M. Peux-tu me dire en quoi ? — S. Je le puis : j'ai ouï-dire à des gens experts en choses divines, hommes et femmes... — M. Que disent-ils ? — S. Des choses vraies, et de valeur, à mon sens. — M. Mais encore ? et qui sont-ils ? — S. Ce sont des prêtres et des prêtresses, soucieux de rendre raison de ce à quoi ils se consacrent ; c'est également Pindare et maints poètes, gens divins. Voici ce qu'ils disent ; à toi de voir si, à ton avis c'est vrai. Ils disent que l'âme de l'homme est immortelle, que tantôt elle a un terme (ce qu'on appelle : mourir), et tantôt elle renaît, mais qu'elle n'est jamais anéantie ; et que c'est pour cela qu'il faut avoir une vie aussi pieuse que possible... Ainsi, immortelle et maintes fois renaissante l'âme a tout vu, tant ici-bas que dans l'Hadès, et il n'est rien qu'elle n'ait appris ; aussi n'y a-t-il rien d'étonnant à ce que, sur la vertu et sur le reste, elle soit capable de se ressouvenir de ce qu'elle a su antérieurement. Toute la nature étant de même souche, et l'âme ayant tout appris, rien ne s'oppose à ce que celui qui se ressouvient d'une seule chose (c'est précisément ce qu'on nomme : apprendre) retrouve toutes les autres, pour peu qu'il montre courage et ténacité dans sa recherche ; car chercher et apprendre sont au total réminiscence. Il ne faut donc pas se laisser persuader par cet argument éristique ; il nous rendrait paresseux, et il n'y a que les mous pour le trouver agréable ; le mien rend les gens actifs et les incite à chercher ; c'est parce que j'ai foi en sa vérité que je veux chercher avec toi ce qu'est la vertu. — M. Soit, Socrate, mais que veux-tu dire en soutenant que nous n'apprenons pas et que ce que nous nommons : apprendre, est réminiscence ? Peux-tu m'enseigner comment il se fait qu'il en est ainsi ? — S. Tu es plein de malice, Ménon, je te l'ai déjà dit ; voilà maintenant que tu me demandes si je puis t'enseigner, moi qui prétends qu'il n'y a pas enseignement, mais réminiscence, afin de me mettre d'emblée en évidente contradiction avec moi-même ! — M. Pardieu, Socrate, ce n'est pas cette intention, mais simplement l'habitude qui m'a amené à te tenir ce langage ; mais si tu peux en quelque manière me montrer qu'il en est comme tu dis, montre-le-moi. — S. Ce n'est pas facile ; mais, pour toi, je consens à m'y employer.

Ménon, 80d-82a

[CÉBÈS-SIMMIAS-SOCRATE]

— C. Selon ton fameux argument habituel : s'instruire, ce n'est rien d'autre que se ressouvenir, il est sans doute nécessaire que nous ayons appris en un moment antérieur du temps ce dont nous nous ressouvenons présentement ; ce qui serait impossible si notre âme n'existait pas quelque part avant d'en venir à prendre la forme humaine qu'elle a. Et de cette façon également il semble que l'âme soit immortelle. — Mais dis-moi, Cébès, intervint Simmias, quelles sont les preuves de cela ? Fais-m'en souvenir, car pour le moment je ne me le rappelle pas bien. — C. Il y a d'abord un excellent argument : les gens qu'on interroge, pourvu qu'on les interroge bien, trouvent d'eux-mêmes les bonnes réponses ; ce qu'ils seraient hors d'état de faire s'ils ne se trouvaient déjà en possession du savoir et de la bonne réponse. Ensuite, si on les amène aux figures géométriques et aux autres moyens du même genre, on y trouve la preuve évidente de la réalité du fait. — Et si tu n'es pas convaincu, dit Socrate, vois si tu seras d'accord en prenant la chose comme je vais te dire. Car tu doutes que ce qu'on nomme instruction puisse être réminiscence ? — Je n'en doute pas, dit-il, ce dont j'ai besoin c'est d'être mis dans l'état dont il est question, celui du ressouvenir. Peu s'en faut qu'à partir du commencement de preuve indiqué par Cébès je me ressouvienne déjà et que je sois convaincu ; je n'en serais pas moins intéressé à entendre comment toi, tu as engagé l'argumentation. — Socr. De la façon que voici : nous sommes bien d'accord que pour avoir ressouvenir de quelque chose, il faut auparavant l'avoir su ? — Sim. Tout à fait. — Socr. D'accord aussi qu'il y a ressouvenir quand l'acquisition de la connaissance se fait dans les conditions suivantes : quelqu'un a vu, ou entendu, ou perçu une chose par un sens quelconque, si, en plus de la connaissance qu'il en a pris, une autre chose lui est venue à l'esprit, objet non de la même connaissance mais d'une autre, n'est-on pas fondé à dire qu'il s'est ressouvenu de la chose qui lui est venue à l'esprit ? — Sim. Que veux-tu dire ? — Socr. Par exemple : la connaissance d'un homme est différente de la connaissance d'une lyre ? — Sim. Évidemment. — Socr. Tu n'ignores pas l'expérience que font ceux qui aiment en voyant la lyre, le vêtement ou tout autre objet usuel de celui qu'ils aiment : ils perçoivent la lyre et il leur vient à l'esprit l'image de l'amant à qui elle appartient ; c'est là un ressouvenir. De même il arrive souvent qu'en voyant Simmias, on se ressouvienne de Cébès, etc. Tel est le ressouvenir : on en fait principalement l'expérience dans les cas où le temps et la distraction ont provoqué l'oubli. — Sim. Certainement. — Socr. Mais, dis-moi, il se peut qu'on se ressouvienne d'un homme à la vue du dessin d'un cheval, d'une lyre ; qu'on se ressouvienne de Cébès en voyant le portrait de Simmias ? — Sim. Bien sûr. — Socr. Il se peut aussi qu'en voyant le portrait de Simmias, c'est de Simmias lui-même qu'on se ressouvienne ? — Sim. Évidemment. — Socr. Ainsi le ressouvenir peut se produire aussi bien à partir des choses dissemblables qu'à partir des choses semblables ? — Sim. C'est un fait. — Socr. Prenons le cas où le ressouvenir se fait à partir d'une chose semblable. N'est-il pas nécessaire que nous soyons au surplus amenés à nous demander si oui ou non il manque quelque chose à l'objet donné dans sa ressemblance avec ce dont il a eu ressouvenir ? — Sim. C'est nécessaire. — Socr. Vois maintenant s'il en est bien comme je vais dire. Nous accordons, n'est-ce pas, une réalité à l'égalité, je ne parle pas de celle qu'il peut y avoir entre un morceau de bois et un autre, une pierre et une autre, mais de quelque chose *d'autre,* qui se met *à part* de tous ces cas particuliers, je parle de l'Égalité en elle-même. En affirmerons-nous l'existence, oui ou non ? — Sim. À coup sûr nous affirmerons son existence, sans aucun doute...

[...] — Socr. Convenons-nous de ceci : lorsqu'en voyant quelque objet, on se fait la réflexion : « l'objet que je vois veut être tel que quelque chose d'autre, mais il reste en deçà, il n'est pas capable d'être tel, il demeure inférieur », pour pouvoir se faire ce genre de réflexion, ne faut-il pas se trouver avoir vu auparavant cette réalité dont on dit que l'objet se rapproche, mais reste en deçà ? — Sim. C'est nécessaire. — Socr. Mais n'est-ce pas précisément l'expérience que nous venons de faire à propos des choses égales et de l'égalité ? — Sim. Tout à fait. — Socr. Il faut donc bien que nous ayons vu l'égalité dans un temps qui précède celui où, voyant pour la première fois les choses égales, il nous est venu à l'esprit qu'elles aspiraient à être telles que l'égalité, mais qu'elles demeuraient en deçà.

Phédon, 72e-74e

B. LES FAUX SAVOIRS ET LEURS DANGERS

1. INFÉRIORITÉ DE L'IMAGE

[SOCRATE-CRATYLE]

— S. Ne sommes-nous pas convenus à plusieurs reprises que les noms, lorsqu'ils sont bien institués, ressemblent aux choses dont ils sont les noms, qu'ils sont les images des choses ? — C. Si. — S. Si donc on peut s'instruire au mieux des choses au moyen des noms, et si on le peut aussi au moyen des choses elles-mêmes, de ces deux façons de s'instruire, quelle est la meilleure et la plus claire ? est-ce de l'image qu'il faut partir pour apprendre d'elle si elle est une bonne image et du même coup s'instruire de la vérité de ce dont elle est l'image ? ou faut-il partir de la vérité pour l'apprendre elle-même et du même coup pour savoir si l'image en a été convenablement reproduite ? — C. Je suis d'avis qu'il faut partir de la vérité. — S. Savoir de quelle manière il faut apprendre ou trouver ce qui est, cela excède sans doute mes forces et les tiennes ; tenons-nous satisfaits d'être convenus que ce n'est pas des noms qu'il faut partir, mais que pour s'instruire et s'enquérir de ce qui est, il vaut bien mieux en partir que de partir des noms.

Cratyle, 438ad-439ab

2. LE STATUT DE L'IMAGE : CE N'EST PAS UN DOUBLE

[CRATYLE-SOCRATE]

— C. Vois-tu, Socrate, lorsque l'art de lire et d'écrire nous permet d'attribuer aux noms leurs lettres : A, B, etc. si nous faisons une suppression, ou une addition ou un changement, il n'est même pas écrit du tout : il est autre, dès qu'il subit l'une de ces altérations. — S. J'ai peur, Cratyle, qu'en procédant ainsi nous ne conduisions pas bien notre examen. — C. Comment cela ? — S. Sans doute ce que tu viens de dire arriverait-il à toutes les choses dont l'existence ou la non-existence dépend nécessairement d'un nombre : du nombre 10, ou de tel autre que tu veux, addition ou soustraction font aussitôt un autre nombre. Mais quand il s'agit d'une qualité et de l'image en général, je crains que la justice ne consiste en autre chose et qu'il ne faille absolument pas rendre en tous points l'objet tel qu'il est pour en avoir une image. Examine si j'ai raison. Y aurait-il deux objets, tels que Cratyle et l'image de Cratyle dans le cas où un dieu reproduirait non seulement la couleur et la forme comme le font les peintres, mais au surplus tout ton intérieur tel qu'il est, allant jusqu'à en reproduire la souplesse et la chaleur, et s'il y mettait le mouvement, l'âme et la pensée tels qu'ils existent en toi, en un mot, s'il plaçait à côté de toi tout ce que tu possèdes, à la fois tel et autre : y aurait-il là un Cratyle et une image de Cratyle, ou bien deux Cratyles ? — C. Il me semble, Socrate, qu'il y aurait deux Cratyles. — S. Tu vois donc, mon ami, que pour l'image, il faut nous enquérir d'une autre justesse que pour les choses dont nous parlions, et qu'il n'est pas forcé qu'une image cesse d'être image si on en ôte ou si on y ajoute quelque chose. Te rends-tu compte de tout ce qui manque aux images pour être identiques à ce dont elles sont les images ? — C. Oui. — S. Ce serait assurément un traitement ridicule que les noms feraient subir aux choses dont ils sont les noms, s'ils leur ressemblaient absolument en tous points. Car tout serait double, et il serait impossible de dire où est la chose et où est le nom...

Cratyle, 431e-432e

3. IMAGE ET SIMULACRE

[L'ÉTRANGER-THÉÉTÈTE]

— É. Selon la méthode de division précédemment adoptée, je crois pour ma part apercevoir dès maintenant deux espèces dans *l'art d'imiter...* en y voyant d'un côté l'art de l'image, tel qu'il se montre principalement quand on pousse la perfection de l'imitation jusqu'à observer les dimensions du modèle en longueur, largeur et profondeur et à donner à chacune de ses parties les couleurs qui leur reviennent. — T. Mais n'est-ce pas là ce qu'essaient de faire tous ceux qui imitent ? — É. Ce n'est pas le cas du moins de ceux qui peignent ou sculptent des œuvres de grande dimension. Car s'ils donnaient aux belles choses leurs proportions véritables, tu n'ignores pas que les parties supérieures paraîtraient trop petites et les parties inférieures trop grandes du fait que nous voyons les unes de loin, les autres de près. — T. C'est exact. — É. N'est-il pas vrai que les artistes, n'ayant cure de la vérité, donnent à leurs figurations non pas les proportions qu'elles ont réellement, mais bien celles qui seront tenues pour belles ? — T. Si, bien sûr ! — É. Dès lors n'est-il pas légitime de parler d'*image* dans le premier cas, puisqu'il y a reproduction du modèle. — T. Si. — É. Et d'appeler, comme nous l'avons fait : art de l'image cette espèce de l'art de l'imitation ? — T. C'est bien ainsi qu'il faut l'appeler. — É. Mais alors ce qui doit sa ressemblance au beau au fait que le spectateur est mal placé, mais qui, pour un regard capable d'en embrasser toute l'ampleur n'aurait pas l'apparence de ce à quoi il prétend ressembler, quel nom lui donnerons-nous ? N'est-ce pas celui de *simulacre* puisque précisément il *paraît* avoir la ressemblance qu'il *n'a pas* en réalité ? — T. Tout juste. — É. N'est-ce pas là une part considérable tant de la peinture que de l'art d'imitation dans son ensemble ? — T. Sans contredit. — É. Ainsi l'art qui produit non pas une image mais un simulacre, n'est-il pas correct de le désigner comme art du simulacre ? — T. Tout à fait. — É. Voilà donc les deux espèces de l'art de la figuration que j'annonçais : l'art de l'image et l'art du simulacre.

Sophiste, 235d-236c

4. IMITATION, IGNORANCE ET ILLUSION

a) Qu'est-ce que l'imitation ?

[SOCRATE-GLAUCON]

— S. Qu'est-ce que l'imitation en général ? Peux-tu me le dire ? car je t'assure que pour ma part je ne conçois pas bien à quoi elle tend. — G. Et tu comptes sur moi pour la concevoir ! — S. Il n'y aurait là rien d'étrange, car il ne manque pas de choses que des gens qui ont la vue basse aperçoivent avant ceux qui l'ont perçante. — G. C'est vrai, mais en ta présence je n'oserais même pas dire ce qui me saute aux yeux ; vois toi-même. — S. Eh bien veux-tu, que selon notre méthode habituelle nous donnions à notre recherche le point de départ que voici : pour chacune des multiples choses auxquelles nous attribuons le même nom, nous avons coutume, n'est-ce pas, de poser une Forme unique et singulière ; tu y es ? — G. J'y suis. — S. Prenons donc encore une fois telle des choses multiples que tu veux. Je te propose, par exemple, la multiplicité des lits et des tables. — G. D'accord. — S. Quant aux Formes de ces meubles il y en a deux, n'est-ce pas, celle du lit, celle de la table. — G. Oui. — S. Nous avons également coutume de dire, n'est-il pas vrai, que l'artisan qui fabrique chacun de ces meubles le fait en dirigeant son regard vers l'Idée ; ainsi l'un fait les lits, l'autre les tables dont nous nous servons, et ainsi de suite ? Quant à l'Idée elle-même, il ne se trouve aucun artisan pour la fabriquer, car comment cela serait-il ? — G. Il n'en est rien. — S. Vois-tu maintenant quel nom donner à l'artisan que voici ? — G. Lequel ? — S. Celui qui fabrique tous les objets dont chacun des artisans se charge de fabriquer l'un pour son compte. — G. Tu parles là d'un homme étonnamment habile ! — S. Attends ! tu ne vas pas tarder à le dire plus habile encore. Car ce ne sont pas seulement les objets fabriqués que ce même artisan est capable de faire : il fait tous les végétaux et il produit tous les vivants, y compris lui-même, sans compter qu'il produit la terre, le ciel, les dieux et tout ce qu'il y a dans le ciel et sous terre, chez Hadès. — G. C'est d'un artiste absolument merveilleux que tu parles ! — S. Tu n'y crois pas ? mais dis-moi, es-tu d'avis qu'un tel ouvrier n'existe pas du tout, ou bien qu'en un sens on peut devenir l'auteur de tout cela, en un autre sens, non ? Est-ce que tu ne te rends pas compte qu'en un sens tu serais capable, toi, de faire tout cela ? — G. En quel sens ? — S. La tâche est aisée, elle se fait souvent et vite, très vite même : il te suffit de prendre un miroir et de le tourner de tous côtés ; tu auras vite fait de faire le soleil, les corps célestes, la terre, toi-même et les autres vivants, les objets fabriqués et tout ce dont il était à l'instant question. — G. Oui, des apparences mais pas des êtres véritables ! — S. Tu entres admirablement dans le jeu, car le peintre fait aussi partie de ces artisans, n'est-ce pas ? — G. Bien sûr. — S. Tu me diras, je suppose, qu'il ne fait pas vraiment ce qu'il fait ; mais en un sens le peintre aussi fait bien un lit, n'est-ce pas ? — G. Oui, mais lui aussi fait un lit apparent. — S. Mais le menuisier, ne viens-tu pas de me dire qu'il ne fait pas la Forme, dont nous disons qu'elle est *le* lit en soi, mais *un* lit ? — G. Je l'ai dit. — S. Mais alors, s'il ne fait pas la chose en soi, ce n'est pas l'être qu'il fait, mais quelque chose qui y ressemble, sans l'être ; et prétendre que l'ouvrage du fabricant de lits, ou de quelque autre artisan possède la plénitude de l'être, c'est s'exposer à ne pas dire vrai ? — G. Du moins serait-ce l'avis des spécialistes de ces questions. — S. Ne nous étonnons donc pas d'y trouver quelque chose d'obscur sur le rapport de la vérité. — G. Non, en effet.

République X, 595c-597b

b) Le créateur, l'artisan, l'imitateur.

[SOCRATE-GLAUCON]

— S. Veux-tu qu'en prenant appui sur ces mêmes artisans nous nous mettions en quête de la nature de cet imitateur ? — G. Si tu veux. — S. Il y aura donc trois sortes de lit : du premier nous dirions, à mon sens, que la divinité en est l'auteur ; qui serait-ce d'autre ? — G. Personne, à mon avis. — S. Le second est celui du menuisier. — G. Oui. — S. Le troisième celui du peintre, n'est-ce pas ? — G. Soit. — S. Ainsi : peintre, fabricant de lits, dieu, trois préposés à trois espèces de lit. — G. Oui, trois. — S. Qu'elle ne l'ait pas voulu ou que la nécessité se soit imposée à elle de ne pas créer plus d'un lit en soi, toujours est-il que la divinité n'a produit que ce lit unique dont l'essence est d'être lit ; elle n'a pas produit deux lits de cette sorte ou davantage et elle n'en produira pas. — G. Pourquoi ? — S. Parce que si elle en faisait seulement deux, il en surgirait un troisième dont les deux premiers réaliseraient la Forme et ce serait lui qui serait le lit en soi et non pas les deux autres. — G. C'est juste. — S. La divinité sachant cela, comme elle voulait être, je pense, le véritable créateur d'un lit véritable et non un fabricant particulier d'un lit quelconque, l'a créé unique par nature. — G. C'est vraisemblable. — S. Dès lors, veux-tu que nous donnions à la divinité le nom d'un ouvrier naturel (phyturge) ou un nom de ce genre ? — G. Ce serait à juste titre, puisque c'est précisément par nature qu'il l'a créé lui et tout le reste. — S. Et le menuisier, n'est-ce pas le nom de fabricant de lits que nous lui donnerons ? — G. Si. — S. Et le peintre ? est-ce le nom d'ouvrier et d'auteur du lit que nous lui donnerons ? — G. En aucune façon. — S. Alors ? que diras-tu qu'il est dans son rapport au lit ? — G. Imitateur de ce dont les autres sont les ouvriers, tel est le nom qui lui convient le mieux, à mon avis. — S. Bon ! c'est donc celui qui est de la troisième génération en partant de la nature que tu nommes : imitateur ? — G. Exactement ! — S. Tel sera également le dramaturge puisqu'il est imitateur ; en partant du roi et de la vérité, c'est le troisième rang qui lui revient, comme tous les autres imitateurs. — G. Il y a chance.

République X, 597b-597e

c) L'imitateur est un ignorant.

[SOCRATE-GLAUCON]

— S. Allons, maintenant, réfléchis à ceci : l'imitateur, faiseur de simulacre est expert en apparence, mais nullement en réalité, n'est-ce pas ? — G. Oui. — S. Eh bien, ne restons pas à mi-chemin, donnons du sujet une vue suffisante. — G. Continue. — S. Admettons qu'un peintre peigne une bride et un mors. — G. Soit. — S. C'est le sellier et le forgeron qui se chargent de les fabriquer. — G. Bien sûr. — S. Est-ce le peintre qui a compétence pour savoir ce que doivent être bride et mors ? Est-ce même celui qui les fait : sellier et forgeron ? N'est-ce pas plutôt le seul cavalier, celui qui sait s'en servir ? — G. C'est exact. — S. Est-ce que nous n'en dirons pas autant de tout ? — G. Comment cela ? — S. Pour chaque chose, il y a trois arts : celui qui s'en sert, celui qui le fabrique, celui qui l'imite. — G. Oui. — S. Mais ce qui fait la valeur, la beauté, la qualité de toute chose, objet fabriqué, vivant, action, ce n'est pas autre chose que l'usage en vue duquel chacune a été faite par l'homme ou par la nature ? — G. C'est juste. — S. Il est donc indispensable que celui qui s'en sert soit le plus expert et vienne dire au fabricant les qualités et défauts qu'elle présente à l'usage ; ainsi c'est le flûtiste qui renseigne le luthier sur les flûtes qui se soumettent à son jeu, c'est lui qui prescrira les qualités qu'il faut leur donner et c'est le luthier qui se soumettra. — G. C'est bien normal. — S. Ainsi la compétence du premier lui permet de se prononcer sur les qualités et défauts des flûtes et c'est en s'y fiant que le second les fera ? — G. Oui. — S. Ainsi, pour le même instrument, le fabricant devra la *croyance correcte* à ce qui en fait les qualités et les défauts au fait d'être en rapport avec celui qui est compétent et de se trouver contraint d'écouter l'avis de celui qui est compétent ; mais le *savoir*, c'est l'utilisateur qui le détient. — G. Exactement. — S. Mais l'imitateur, lui, est-ce d'un *savoir* d'utilisateur qu'il sera détenteur sur les qualités des choses qu'il peint, les qualités et défauts qu'elles peuvent avoir, ou d'une *croyance correcte* due à l'obligation d'être en rapport avec celui qui est compétent et d'en suivre les prescriptions concernant les caractères de ce qu'il doit peindre ? — G. Il n'aura ni l'un, ni l'autre. — S. Ainsi des qualités et défauts des choses qu'il imite, l'imitateur n'aura ni savoir, ni opinion correcte. — G. Non, semble-t-il. — S. Quel habile connaisseur de ce qu'il met en œuvre dans ses poèmes serait le poète imitateur ! — G. Il ne le serait nullement. — S. Pourtant cela ne l'empêchera pas d'imiter, sans savoir par où vaut ou pèche chaque chose, mais, selon toute apparence, tout ce qui paraît beau au vulgaire et aux ignorants, voilà donc deux points sur lesquels nous nous sommes suffisamment mis d'accord : d'abord l'imitateur ne sait rien qui vaille qu'on en parle des choses qu'il imite et l'imitation n'est qu'un jeu et non une chose sérieuse ; ensuite ceux qui tâtent de la poésie tragique, que ce soit en vers iambiques ou en vers épiques, sont tous des imitateurs autant qu'on peut l'être.

République X, 601c-602b

d) L'imitateur est un illusionniste.

[SOCRATE-GLAUCON]

— S. Maintenant que nous nous sommes mis d'accord sur l'imitateur, dis-moi : le peintre, à ton avis, est-ce la réalité naturelle telle qu'elle est en soi qu'il se propose d'imiter ou bien les œuvres des artisans ? — G. Ce sont ces dernières. — S. Encore une précision : telles qu'elles sont, ou telles qu'elles apparaissent ? — G. Que veux-tu dire ? — S. Je veux dire : un lit, que tu le regardes de côté ou de face ou de tout autre façon, diffère-t-il en quelque chose de lui-même, ou bien, sans différer en rien, paraît-il différent ? — G. Il paraît différent, mais il n'est en rien différent. — S. Réfléchis donc à ceci : à propos de chaque chose, qu'est-ce que se propose la peinture ? Imiter ce que chaque chose est en soi, ou imiter son apparence, telle qu'elle apparaît ? S'agit-il d'une imitation de l'apparence ou de la vérité ?

— G. De l'apparence. — S. L'art d'imiter est donc bien éloigné du vrai, et s'il se charge d'imiter n'importe quoi, c'est que de chaque objet il ne retient que peu de chose : son simulacre. Ainsi le peintre, disons qu'il nous peindra charpentier, menuisier et autres artisans, sans rien connaître de leur art ; cela ne l'empêchera pas, s'il est bon peintre, en montrant de loin le menuisier qu'il a dessiné, de faire illusion sur les enfants et les ignorants grâce à ce qui paraîtra être un vrai menuisier. — G. Pourquoi pas ? — S. Eh bien, voici, mon cher, ce qu'à mon sens il faut en penser : à celui qui vient nous raconter qu'il a rencontré quelqu'un qui est au courant de tous les métiers, qui n'en connaît pas moins bien toutes les finesses que n'importe quel spécialiste, il faut lui répondre qu'il est un naïf et qu'il est sans doute tombé sur un charlatan, imitateur assez habile à faire illusion pour lui faire croire qu'il est omniscient en profitant de son incapacité à distinguer savoir, non-savoir et imitation...

République X, 598a-598d

5. LA PRÉTENDUE OMNISCIENCE DU SOPHISTE

[L'ÉTRANGER-THÉÉTÈTE]

— É. Lorsque quelqu'un paraît être l'homme de savoirs multiples, alors qu'il est désigné par le nom d'une compétence unique, est-ce qu'il ne te vient pas à l'esprit qu'il est impossible qu'une telle apparence soit saine ? n'est-il pas évident que celui qui en reste à une telle apparence à propos d'une compétence se montre incapable de discerner ce que visent tous ces savoirs, et que c'est pour cela qu'au lieu d'un seul nom, il lui en faut plusieurs pour désigner leur détenteur ? — T. C'est sans doute l'explication la plus naturelle. — É. Mais nous, pour ne pas en rester là par paresse dans notre enquête, commençons par revenir sur nos désignations du sophiste. Car il en est une qui me paraît le dénoncer mieux que les autres. — T. Laquelle ? — É. Je crois que nous l'avons appelé : contradicteur. — T. Oui. — É. Mais n'est-ce pas également ce qu'il se met à enseigner à autrui ? — T. Il est vrai. — É. Examinons donc sur quel sujet ces gens prétendent former des contradicteurs. Procédons à l'examen selon le principe que voici. Commençons par les choses divines, ces choses qui n'apparaissent pas au vulgaire, est-ce qu'ils donnent compétence pour contredire en ces matières ? — T. On le dit, tout au moins. — É. En second lieu, les choses sensibles, celles de la terre et du ciel et celles qui s'y rattachent ? — T. Bien sûr. — É. En troisième lieu, chaque fois qu'on traite de façon générale du devenir et de l'être, du moins dans les entretiens privés, nous les voyons faire montre de leur talent personnel à contredire et rendre les autres capables d'en faire autant ? — T. Parfaitement. — É. En quatrième lieu, en matière de lois et en tout ce qui touche à la politique, est-ce qu'ils ne se font pas forts de rendre disputeurs ? — T. Personne, ou peu s'en faut, ne les entretiendrait s'ils n'y prétendaient. — É. Enfin en tous les arts et en chaque métier, ce qu'il faut opposer à chaque praticien en sa spécialité, des écrits divulgués le mettent sous les yeux de qui veut l'apprendre. — T. Il me semble que tu viens de faire allusion aux écrits de Protagoras sur la palestre et autres techniques ? — É. Et à beaucoup d'autres, mon cher. Bref de façon générale ne semble-t-il pas que l'essentiel de l'art de contredire, consiste en une aptitude à contester en tous domaines ? — T. Du moins apparaît-il que presque rien ne lui échappe. — É. Par dieu, mon ami, est-ce que tu crois cela possible, toi ? car peut-être, vous les jeunes, avez-vous meilleure vue que nous pour discerner cela ? — T. Discerner quoi ? que veux-tu dire au juste ? Je ne comprends pas bien ta question. — É. Je demande s'il est possible qu'un homme sache tout. — T. Bienheureuse serait notre espèce, Étranger, si cela était ! — É. Comment donc celui qui ne sait pas pourrait-il parler valablement en faisant objection à celui qui sait ? — T. C'est impossible. — É. Que peut donc bien être ce prodige de la puissance sophistique ?

Sophiste, 232a-233a

6. L'IMITATION, ART SECRET DE LA SOPHISTIQUE

[L'ÉTRANGER-THÉÉTÈTE]

— É. Que pourrait donc bien être le prodige de la puissance sophistique ? — T. En quoi est-elle prodigieuse ? — É. Dans la façon dont elle se montre capable de procurer aux jeunes gens l'opinion que sur tous les sujets les sophistes sont les plus savants de tous les hommes. Car il est évident que s'ils ne controversaient pas correctement ou ne donnaient pas aux jeunes gens l'impression de le faire, et si d'autre part en leur donnant cette impression que c'est grâce à la controverse qu'ils l'emportent en intelligence, c'est toi-même qui l'a remarqué, on voit mal comment il se pourrait faire que l'on consente à les payer et à devenir leur élève. — T. On le voit mal en effet. — É. Or, c'est un fait qu'on y consent ? — T. Assurément. — É. C'est, je pense, qu'ils donnent l'impression de détenir la science des objets de leur controverse ? — T. C'est évident. — É. Et nous disons bien qu'il n'est rien dont ils ne fassent l'objet de leur controverse ? — T. Oui. — É. Ainsi ils donnent à leurs disciples l'impression de tout savoir ? — T. Certainement. — É. En réalité, ils ne savent pas tout, car il nous est apparu que c'est impossible. — T. Impossible assurément. — É. C'est donc l'apparence et non la vérité de la science de toutes choses que possède à nos yeux le sophiste ? — T. Absolument et il y a chance que cette formule soit la plus juste qu'on puisse appliquer à ces gens. — É. Prenons donc un paradigme plus clair de leur cas. — T. Lequel ? — É. Écoute, et sois très attentif à me répondre. — T. De quoi s'agit-il ? — É. Suppose que quelqu'un prétende savoir non plus dire et contredire, mais produire et faire toutes choses absolument, grâce à un art unique ? — T. Qu'entends-tu par toutes choses ? — É. À peine commencé-je voilà que tu ne me suis plus puisque, apparemment, tu ne comprends pas ce que veut dire : toutes choses. — T. Non, en effet. — É. Par : « toutes choses », je veux dire : toi et moi, ainsi que tout le reste, animaux et végétaux. — T. Comment l'entends-tu ? — É. Suppose que quelqu'un prétende nous produire, toi et moi et le reste des créatures... — T. De quelle production veux-tu parler ? Car ce n'est pas le paysan que tu vises, puisque tu parles de quelqu'un qui produit aussi les vivants ? — É. Oui, et en outre la mer, la terre, le ciel, les dieux et tout le reste, bien plus, à peine a-t-il produit chacune de ces choses, il les vend pour presque rien. — T. C'est d'un jeu que tu parles ? — É. Quoi ? Dire qu'on sait tout et qu'on peut l'enseigner à autrui pour pas cher et en peu de temps, ne faut-il pas y voir un jeu ? — T. Tout à fait. — É. Or, vois-tu espèce de jeu plus savante et agréable que la mimétique ? — T. Aucune, car c'est bien l'espèce totale que tu viens de désigner en ramenant tout à l'unité et la plus variée sans doute. — É. Voilà donc ce que nous apprend l'homme qui prétend qu'un art unique le rend capable de tout produire : l'art graphique lui ayant permis de produire des choses qui imitent les réalités et portent le même nom, il sera capable, en montrant de loin ses dessins, de donner à ceux des jouvenceaux qui manquent de sens l'illusion que quoi qu'il veuille faire, il est tout à fait capable de le parfaire effectivement. — T. Bien sûr. — É. Eh bien, en matière de discours, ne devons-nous pas nous attendre à ce qu'il y ait quelque autre art permettant d'ensorceler de discours, par l'oreille cette fois, les jeunes qui sont encore fort loin de la vérité des choses, en montrant des simulacres parlés de toutes choses, afin de faire croire que ce qui est dit est vrai et que celui qui les dit est en toutes choses le plus savant de tous ? — T. Pourquoi en effet n'y aurait-il pas un autre art de ce genre ?

Sophiste, 233a-235a

7. IMAGE ET ERREUR ; ÊTRE ET NON-ÊTRE

[L'ÉTRANGER-THÉÉTÈTE]

— É. Si nous prétendons que le sophiste possède un certain art du simulacre, il aura beau jeu de mettre nos formules à profit et de nous retourner nos arguments : quand nous le traiterons de faiseur d'images, il nous demandera ce que, de façon générale, nous appelons : image. Il nous faut donc, Théétète, examiner la réponse à faire à ce gaillard. — T. Évidemment nous citerons les images dans les eaux et dans les miroirs, ainsi que les images peintes et sculptées et toutes les autres du même genre. — É. C'est à croire que tu n'as jamais vu de sophiste, Théétète. — T. Pourquoi donc ? — É. Il te paraîtra fermer les yeux ou n'avoir pas d'yeux du tout. — T. Comment cela ? — É. Quand tu lui répondras ainsi, en lui parlant de ce qu'il y a dans les miroirs ou les modelages, il rira de t'entendre lui parler comme à quelqu'un qui voit. Feignant d'ignorer les miroirs et les eaux et jusqu'à la vision, il s'attachera uniquement à la réponse qui ressort des termes. — T. Laquelle ? — É. Ce qu'il y a de commun à toutes ces choses, que, tout en les disant multiples, tu as cru devoir qualifier du même nom d'image que tu étends sur toutes au titre de leur unité. Parle, et défends-toi sans rien céder à l'adversaire. — T. Que pourrions-nous bien dire qu'est l'image, Étranger, sinon qu'ayant été copiée sur l'objet véritable elle est telle que lui, tout en étant autre. — É. Mais cet autre que tu dis tel, prétends-tu qu'il est véritable ? ou alors, tel que quoi le dis-tu ? — T. Je ne le dis nullement véritable, mais semblable. — É. Est-ce que par véritable tu entends : qui est réellement ? — T. Oui. — É. Mais quoi ? ce qui n'est pas véritable, n'est-ce pas le contraire de ce qui est vrai ? — T. Bien sûr. — É. Par conséquent tu dis que ce qui est semblable n'est pas réellement, puisque tu dis qu'il n'est pas véritable. — T. Pourtant il existe bien d'une certaine façon. — É. Pas véritablement, d'après ce que tu dis. — T. Non certes, encore qu'il soit réellement image. — É. Ainsi ce qui n'est pas réellement est réellement ce que nous appelons image ? — T. Tel semble bien être l'entrelacement qui entrecroise le non-être et l'être, et de façon bien étrange. — É. Étrange en effet ! Tu vois en tout cas qu'une fois encore par cet entrecroisement le sophiste aux cent têtes nous a contraints à reconnaître, malgré que nous en ayons, que d'une certaine façon le non-être est. — T. Je ne le vois que trop. — É. Mais alors, comment pourrons-nous définir son art si nous voulons rester d'accord avec nous-mêmes ? — T. Que veux-tu dire, et que crains-tu donc en parlant ainsi ? — E. Quand nous disons qu'il use du simulacre pour tromper et que son art est un art de tromperie, voulons-nous dire que notre âme opine faussement sous l'effet de son art ou quoi d'autre ? — T. Cela même, car que pourrions-nous vouloir dire d'autre ? — É. Or une opinion fausse sera-t-elle celle qui opine des choses contraires à celles qui sont, ou quoi ? — T. Oui, des choses contraires. — É. Tu prétends donc que l'opinion fausse opine des choses qui ne sont pas ? — T. Forcément. — É. Est-ce en opinant que les choses qui ne sont pas ne sont pas, ou en accordant une sorte d'existence à ce qui n'est d'aucune façon ? — T. Il faut que soient en quelque façon les choses qui ne sont pas, s'il est vrai qu'il doit être possible qu'on fasse erreur si peu que ce soit. — É. Mais quoi ? ne lui arrivera-t-il pas aussi d'opiner que n'existe en aucune façon ce qui existe absolument ? — T. Oui. — É. Et cela aussi sera du faux ? — T. Cela aussi. — É. Je suppose qu'on estimera dans les mêmes conditions que le discours est faux lorsqu'il dit de ce qui est qu'il n'est pas, et de ce qui n'est pas qu'il est ? — T. En effet, de quelle autre manière pourrait-il être faux ? — É. Je n'en vois guère d'autre. Mais le sophiste n'en conviendra pas. Car le moyen qu'en convienne un homme de bon sens, quand on est précédemment tombé d'accord que ce sont là choses imprononçables, ineffables, inexprimables, impensables ? Comprenons-nous bien, Théétète, ce que peut dire le sophiste ? — T. Comment ne pas comprendre qu'il nous reprochera de dire le contraire de ce que nous disions alors, nous qui avons l'audace d'affirmer l'existence du faux dans les opinions comme dans les discours, car nous voici à chaque instant forcés d'assembler l'être au non-être, alors que nous venions de convenir que c'est là l'impossibilité la plus absolue.

Sophiste, 239c-241b

8. LA CAPTURE DU SOPHISTE-IMITATEUR

[L'ÉTRANGER-THÉÉTÈTE]

— É. Maintenant, divisons à son tour en deux le genre : production de simulacre. — T. Comment ? — É. D'une part celle qui recourt à des instruments, d'autre part celle où l'auteur du simulacre en est lui-même l'instrument. — T. Comment l'entends-tu ? — É. Je pense au cas où quelqu'un se sert de son propre corps pour contrefaire ton aspect, de sa voix pour contrefaire la tienne, c'est bien : imitation qu'on appelle proprement ce genre de la production du simulacre. — T. Oui. — É. Mettons-le à part en l'appelant « mimétique »... Il mérite encore d'être dédoublé ; examinons pour quelles raisons. — T. Dis-les. — É. Parmi les imitateurs, les uns connaissent ce qu'ils imitent, les autres non. Pourrons-nous souhaiter meilleure division que celle du non-savoir et du savoir ? — T. Aucune. — É. L'imitation dont nous venons de parler était le fait de gens qui savent, car c'est en te connaissant toi et ton aspect qu'on t'imiterait ? — T. Bien sûr. — É. Mais qu'en est-il de la justice et globalement de la vertu en son entier ? Ne sont-ils pas nombreux ceux qui n'en ayant pas la connaissance, mais quelque opinion, mettent toute leur ardeur à faire apparaître comme présent en eux ce qu'ils en opinent, en l'imitant le plus possible en paroles et en actes ? — T. Il est de fait qu'ils sont fort nombreux. — É. Or est-ce qu'ils échouent tous à paraître justes, alors qu'ils ne le sont nullement, ou est-ce le contraire qui arrive ? — T. C'est le contraire.

— É. Je pense donc qu'il faut distinguer deux imitateurs : celui qui ignore et celui qui sait. — T. Oui. — É. Où prendrons-nous le nom qui convient à chacun ? C'est évidemment difficile en raison de la paresse et du manque de sens dont nos devanciers ont fait preuve à l'endroit de la division des genres selon les espèces, au point qu'aucun n'a même essayé de diviser, d'où vient, c'est forcé, que nous sommes loin d'être riches en dénominations. Pourtant, au risque d'être téméraires dans l'expression, pour bien les distinguer, appelons : « doxomimétique » l'imitation qui va de pair avec l'opinion, « imitation informée » celle qui va de pair avec la science. — T. Soit. — É. Pour le moment, c'est de la première qu'il faut nous occuper, car le sophiste n'était pas de ceux qui savent, mais il comptait bien parmi ceux qui imitent. — T. Pour sûr. — É. Examinons donc le doxomime comme nous ferions un morceau de fer, pour voir s'il est sain ou s'il recèle encore quelque paille. Eh bien, il en a, et en bien des endroits. L'un des gens de cette sorte est le naïf, qui pense avoir la science de ce dont il a opinion ; l'autre type, à force d'avoir roulé dans les discussions, se méfie et craint d'ignorer les choses dans lesquelles aux yeux d'autrui il fait figure de savant. — T. Assurément, il y en a des deux espèces que tu viens de dire. — É. Ainsi nous distinguerons l'imitateur « franc » et celui qui « fait mine ». — T. Avec apparence. — É. Et le genre de ce dernier, le dirons-nous simple ou double ? — T. Vois toi-même. — É. À l'examen, il m'apparaît double. L'un je le vois capable de faire mine en public et en de longs discours ; l'autre, en privé, force son interlocuteur à se contredire lui-même en de brefs propos. — T. C'est exact. — É. Celui dont les discours sont plus longs, comment devons-nous nous le représenter, comme un homme d'État ou comme un orateur populaire ? — T. Comme un orateur populaire. — É. Et que dirons-nous de l'autre ? que c'est un savant ou un sophiste ? — T. Savant, c'est impossible, puisque précisément nous avons posé qu'il ne sait pas ; mais du fait qu'il imite le savant, il est évident qu'il prendra une désignation patronymique et je suis en train de me rendre compte que c'est cet homme-là qu'il faut vraiment appeler sophiste en sa pleine réalité.

Sophiste, 266d-268c

C. L'OPINION ET LA SCIENCE

1. CÉCITÉ DE L'OPINION

[SOCRATE-GLAUCON]

— S. Hé quoi ? te semble-t-il juste que quelqu'un parle de ce qu'il ne sait pas comme s'il le savait ? — G. Comme s'il le savait, non bien sûr ! mais je trouve juste qu'il consente à dire ce qu'il pense en tant qu'il le pense. — S. Mais quoi ? ne t'es-tu pas aperçu que toutes les opinions que n'accompagne pas la science sont disconvenantes ? Les meilleures d'entre elles sont aveugles ; entre ceux qui ont une opinion vraie sur quelque chose sans en avoir l'intelligence et des aveugles qui suivent leur droit chemin, vois-tu quelque différence ? — G. Aucune, dit-il.

République VI, 506bc

2. L'OPINION CORRECTE, INTERMÉDIAIRE ENTRE LE SAVOIR ET L'IGNORANCE

[DIOTIME-SOCRATE]

— D. Estimes-tu par hasard que ce qui n'est pas beau soit nécessairement laid ? — S. Bien sûr ! — D. Et tu penses que ce qui n'est pas savant est ignorant ? Tu ne t'es donc pas aperçu qu'entre science et ignorance il existe un intermédiaire ? — S. Et quel est-il ? — D. Avoir des opinions correctes sans être capable d'en rendre raison, ne penses-tu pas que ce n'est ni savoir (car une chose privée de raison, comment serait-elle science ?), ni ignorance (car ce qui se trouve atteindre ce qui est, comment serait-ce une ignorance ?) ; je suppose que l'opinion correcte est quelque chose de ce genre : un intermédiaire entre le savoir et l'ignorance. — S. Tu as raison.

Banquet, 202a

3. L'OPINION CORRECTE ET LA SCIENCE

[SOCRATE-MÉNON]

— S. De façon ridicule, il nous a échappé que ce n'est pas seulement lorsqu'ils sont guidés par la science que les hommes font correctement et bien leurs affaires et c'est sans doute aussi pourquoi nous n'arrivons pas non plus à discerner comment les gens de bien peuvent le devenir. — M. Que veux-tu dire Socrate ? — S. Ceci : il faut que les gens de bien soient utiles, nous avons eu raison de convenir qu'il n'en peut être autrement, n'est-ce pas ? — M. Oui. — S. Ils seront utiles s'ils conduisent correctement nos affaires, cela également je crois que nous avons bien fait d'en convenir ? — M. Oui. — S. Mais en disant qu'il n'est pas possible de les conduire correctement si l'on n'est pas compétent, nous avons tout l'air de gens qui n'ont pas raison d'en convenir. — M. Comment l'entends-tu ? — S. Je vais te le dire. Supposons que quelqu'un qui connaît la route de Larisse ou d'ailleurs s'y rende et y guide d'autres gens, ne dirait-on pas qu'il les a correctement et bien guidés ? — M. Tout à fait. — S. Et s'il avait une opinion correcte sur cette route sans l'avoir parcourue et sans la connaître, n'y guiderait-il pas encore correctement ? — M. Tout à fait. — S. Et aussi longtemps du moins qu'il aura une opinion correcte sur ce qui est chez l'autre objet d'un savoir, en pensant le vrai sans le savoir, il ne sera pas moins bon guide que celui qui en a le savoir. — M. Pas moins bon en effet. — S. Ainsi, pour agir correctement, l'opinion vraie n'est pas un moins bon guide que la science ; et voilà ce que nous négligions tantôt dans notre examen des caractères que peut avoir la vertu, en disant que seule la science guide l'action correcte, car c'était également le fait de l'opinion vraie. — M. C'est du moins ce qui me semble. — S. Ainsi l'opinion correcte n'est pas moins utile que la science. — M. Avec cette différence, Socrate, que celui qui possède la science réussit toujours, tandis que celui qui a l'opinion correcte tantôt réussit, tantôt non. — S. Comment cela ? celui qui a l'opinion correcte, est-ce qu'il ne réussit pas toujours, précisément tant qu'il a l'opinion correcte ? — M. Cela me paraît nécessaire ; aussi je m'étonne, Socrate, cela étant, que la science soit beaucoup plus en honneur que l'opinion correcte et je me demande pourquoi on les distingue. — S. La raison de ton étonnement, la connais-tu, ou veux-tu que je te la dise ? — M. Oui, dis-la-moi. — S. C'est que tu n'as pas prêté attention aux statues de Dédale ; mais peut-être n'y en a-t-il pas chez vous ? — M. Où veux-tu en venir ? — S. C'est que, elles aussi, si elles n'ont pas été fixées, elles s'échappent et prennent la fuite, tandis que, si on les a fixées, elles demeurent en place. — M. Et alors ? — S. La possession d'une œuvre de ce sculpteur, si celle-ci n'est pas fixée, n'a pas plus de valeur que celle d'un esclave fuyard, car elle ne reste pas en place ; si au contraire elle est fixée, sa possession est très précieuse, car ce sont des œuvres d'une grande beauté. Pourquoi t'en parlé-je ? c'est à propos des opinions qui sont vraies. Car les opinions vraies, elles aussi, tout le temps qu'elles demeurent en place, sont une aubaine, source de tous biens ; mais elles ne consentent pas à demeurer en place bien longtemps, elles s'évadent de l'âme humaine, de sorte qu'elles ont peu de valeur tant qu'on ne les a pas liées par un raisonnement causal. Or voilà ce qu'est, mon cher Ménon, la réminiscence, comme nous en sommes précédemment convenus. Dès qu'on les a enchaînées, d'abord elles deviennent science, ensuite elles deviennent stables. Ainsi s'explique que la science soit plus précieuse que l'opinion correcte, et que le fait d'être liée distingue la science de l'opinion correcte. — M. Par Zeus, Socrate, cela m'en a tout l'air. — S. Certes ce que j'en dis n'est pas le fait d'un homme qui sait, c'est seulement ainsi que je me représente la chose ; par contre, que l'opinion correcte soit quelque chose d'autre que la science, ce n'est pas du tout une chose que je crois me représenter, mais s'il en est une que j'affirmerais savoir (et il n'y en a guère dans ce cas), c'est bien celle-là que je mettrais au nombre de celles que je sais. — M. Et tu as bien raison, Socrate. — S. Cela dit, n'est-il pas également correct d'affirmer que lorsque l'opinion vraie dirige l'œuvre propre à chaque activité, le résultat n'est en rien inférieur à celui qu'obtient la science ? — M. Sur ce point aussi, tu me parais avoir raison. — S. Ainsi, pour les actions, l'opinion correcte n'est ni moins bonne ni moins utile que la science, et l'homme qui possède l'opinion droite ne le cède en rien à celui qui possède la science. — M. C'est juste.

Ménon, 96e-98c

4. OPINION ET PERSUASION

[THÉÉTÈTE-SOCRATE]

— T. Je n'ai rien d'autre à te proposer : l'opinion vraie est la science. Du moins l'acte de juger vrai est infaillible, je pense, et tout ce qui s'ensuit est bel et bon... Allons-y et examinons. — S. Un bref examen suffira : un art en son entier te signifie que la science n'est pas cela. — T. Comment cela, et quel est donc cet art ? — S. Celui des plus grands pour l'habileté, qu'on nomme rhéteurs et avocats. Ces gens-là par leur art persuadent non pas en enseignant, mais en faisant qu'autrui ait les opinions qu'ils souhaitent les voir adopter. Est-ce que par hasard tu t'imagines qu'il y a des maîtres assez habiles pour enseigner valablement la vérité des faits, dans le peu de temps qu'une clepsydre met à se vider, à des gens qui ne furent pas témoins d'un vol ou d'une quelconque violence ? — T. La leur apprendre, je ne le pense pas, mais les en persuader. — S. Or, persuader, n'est-ce pas, à ton avis, faire avoir une opinion ? — T. Sans doute. — S. Ainsi quand des juges sont justement persuadés de faits qu'il n'est donné de savoir qu'à celui qui les a vus, et à aucun autre, comme ils les jugent alors par ouï-dire et pour en avoir reçu une opinion vraie, n'est-il pas vrai que leur décision est dépourvue de science et que, si leur verdict est bon, leur persuasion est correcte ? — T. Absolument. — S. Mais, mon cher, si l'opinion vraie au tribunal était identique à la science, jamais un juge digne de ce nom n'aurait d'opinion correcte en l'absence de la science ; en réalité, elles semblent bien différer l'une de l'autre.

Théétète, 200e-201c

5. PERSUASION, SCIENCE ET OPINION

[SOCRATE-GORGIAS]

— S. Allons, examinons encore ceci : y a-t-il quelque chose que tu appelles « avoir appris » ? — G. Oui. — S. Et quelque chose que tu appelles « avoir cru » ? — G. Oui. — S. À ton avis, est-ce la même chose que d'avoir appris et d'avoir cru, ou bien le savoir diffère-t-il de la croyance ? — G. Pour ma part, je pense qu'ils sont distincts. — S. Tu as raison de le penser et voici qui te permettra de t'en assurer ; si on te demandait : y a-t-il une croyance fausse et une croyance vraie ? ta réponse serait affirmative, je suppose. — G. Oui. — S. Mais, y a-t-il une science fausse et une science vraie ? — G. En aucune façon. — S. Il est donc évident que science et croyance ne sont pas identiques. — G. Tu as raison. — S. Cependant, ceux qui ont appris ont bien été persuadés comme ceux qui ont cru ? — G. C'est vrai. — S. Ainsi posons, s'il te plaît, deux espèces de persuasion : l'une qui procure la croyance sans le savoir, l'autre qui procure la science. — G. D'accord.

Gorgias, 454c-454e

6. DISSUASION DE L'OPINION

[SOCRATE-GLAUCON]

— S. Il m'apparaît qu'une opinion sort de notre pensée soit avec, soit sans notre consentement : c'est avec son consentement que l'opinion fausse sort de l'esprit qui a été détrompé, tandis que toute opinion vraie n'en peut sortir que malgré lui. — G. Le cas de la perte consentie, je le comprends ; mais pour l'autre cas, j'ai besoin d'explication. — S. Voyons, ne penses-tu pas comme moi que c'est malgré eux que les gens sont privés des bonnes choses, de leur plein gré des mauvaises ? or n'est-ce pas un mal de faire erreur sur ce qui est vrai, un bien d'être dans le vrai ? ne crois-tu pas qu'avoir une opinion conforme à ce qui est, c'est être dans le vrai ? — G. Eh bien, ce que tu dis est juste et je crois que c'est malgré soi qu'on est privé de l'opinion vraie. — S. N'est-ce pas le cas lorsqu'on est victime d'un vol, ou d'un sortilège ou d'une violence ? — G. De nouveau je ne comprends pas. — S. C'est à croire que je parle comme un tragique ! Je dis qu'on est victime d'un vol quand on est dissuadé, et quand on oublie ; car dans un cas on se voit, sans qu'on s'en aperçoive, dépouillé par le temps, dans l'autre par une argumentation. Tu saisis, maintenant ? — G. Oui. — S. Ensuite je dis qu'on est victime d'une violence quand la peine ou la douleur fait changer d'opinion. — G. Ceci également, je l'ai compris et je t'approuve. — S. Enfin on est victime d'un sortilège, je pense que tu le dirais comme moi, quand on change d'opinion ou bien pour avoir été séduit par le plaisir, ou bien pour avoir été troublé par la peur. — G. En effet, il semble que tout ce qui trompe ensorcelle.

République III, 412e-413c

7. COMMENT SITUER L'OPINION

[SOCRATE-GLAUCON]

— S. Si quelqu'un dont nous disons qu'il a l'opinion mais non la connaissance se fâchait contre nous et contestait la vérité de ce que nous avançons, serions-nous à même de le raisonner et de le persuader en douceur, en lui dissimulant qu'il n'est pas en bonne santé ? — G. C'est ce qu'il faut faire. — S. Allons, examine ce que nous lui dirons ; à moins que tu préfères que nous l'interrogions, en l'assurant que s'il connaît quelque chose, loin d'en être jaloux, nous nous réjouirions de voir quelqu'un qui sait quelque chose. Dis-nous : celui qui connaît, connaît-il quelque chose ou rien ? Toi, Glaucon, fais-moi les réponses à sa place. — G. Je répondrai qu'il connaît quelque chose. — S. Quelque chose qui est ou quelque chose qui n'est pas ? — G. Quelque chose qui est ; comment en effet, s'il n'est pas, quelque chose pourrait-il être connu ? — S. Ainsi voilà une chose que nous tenons pour bien établie, si grand puisse être le nombre de cas que nous examinerions : ce qui est absolument est absolument connaissable. — G. C'est parfaitement établi. — S. Bien ; mais si quelque chose se trouve être tel qu'il est et qu'il n'est pas, sa place ne devrait-elle pas être *intermédiaire* entre l'être pur et simple et le néant absolu ? — G. C'est bien cela : intermédiaire. — S. Ainsi, la connaissance se rapportant à l'être et l'ignorance nécessairement au non-être ce qui se rapporte à cet intermédiaire, c'est quelque chose d'intermédiaire, et il faut chercher quelque chose qui se trouve être intermédiaire entre l'ignorance et la science.

République V, 476d-477b

8. SPÉCIFICITÉ DE L'OBJET DE L'OPINION

[SOCRATE-GLAUCON]

— S. Ne disons-nous pas que l'opinion est quelque chose ? — G. Si, bien sûr. — S. Est-ce une faculté autre que la science ou est-ce la même ? — G. C'en est une autre. — S. Ainsi c'est un objet qui est assigné à l'opinion, un autre à la science, chacune selon sa faculté propre. — G. Exactement. — S. Donc l'objet naturel de la science, c'est l'être, c'est de savoir ce qu'il en est de l'être. Mais d'abord il me semble qu'une précision s'impose. — G. Comment cela ? — S. Nous appellerons : facultés, ce genre de réalités qui nous rendent capables de ce dont nous sommes capables, nous aussi bien que quoi que ce soit d'autre qui possède capacité : c'est ainsi que je dis que la vue et l'ouïe sont des facultés, si tu saisis l'espèce de réalité dont je veux parler. — G. Je saisis. — S. Écoute ce qu'il m'en semble. D'une faculté je ne vois ni couleur, ni forme, ni aucune qualité de cette sorte non plus que bien d'autres dont il me suffit de prendre quelques-unes en considération pour décider en moi-même que ceci est telle chose, cela telle autre chose ; dans le cas de la faculté, je prends uniquement en considération son objet et la fonction qu'elle assume ; c'est ainsi que j'ai qualifié chacune de faculté, donnant le même nom à celle qui s'ordonne à un objet identique et assume une fonction identique, un nom différent si l'objet et la fonction diffèrent... Maintenant, revenons en arrière : la science, dis-tu qu'elle est une faculté, ou dans quel genre de réalité la ranges-tu ? — G. J'en fais une faculté et même la plus puissante de toutes. — S. Et l'opinion, en ferons-nous une faculté, ou bien la rapporterons-nous à quelque autre espèce ? — G. Nullement, puisque c'est uniquement ce par quoi nous sommes capables d'opiner qui constitue l'opinion. — S. Pourtant tu viens de reconnaître que la science n'est pas identique à l'opinion. — G. En effet, comment un homme sensé pourrait-il identifier ce qui est infaillible et ce qui ne l'est pas ? — S. Parfait, il est clair que nous nous accordons à dire que l'opinion diffère de la science. — G. Oui. — S. Chacune des deux étant capable de produire un effet différent, c'est bien un objet différent qu'elle a par nature ? — G. Nécessairement. — S. Or la science a pour objet l'être, elle est naturellement destinée à savoir ce qu'il est ? — G. Oui. — S. Et l'opinion, disons-nous, à opiner ? — G. Oui. — S. Ce qu'elle opine, est-ce exactement la même chose que la science connaît ? Le connaissable et l'opinable seront-ils identiques, ou est-ce impossible ? — G. C'est impossible, en vertu de ce dont nous sommes tombés d'accord : puisque chaque faculté a par nature son objet, qu'il y a deux facultés, l'opinion et la science, qu'elles diffèrent l'une de l'autre à ce que nous disons, il s'ensuit qu'il n'est pas possible que le connaissable et l'opinable soient identiques.

République V, 477b-478b

9. L'OBJET DE L'OPINION EST INTERMÉDIAIRE ENTRE L'ÊTRE ET LE NON-ÊTRE

[SOCRATE-GLAUCON]

— S. Voici ce qu'il nous resterait à trouver, semble-t-il : quelque chose qui participe des deux, de l'être et du non-être, et qui, à proprement parler, ne serait purement ni l'un ni l'autre, pour pouvoir prétendre à bon droit, s'il se fait jour, que c'est l'objet de l'opinion, en assignant aux facultés extrêmes les objets extrêmes, à celles qui sont intermédiaires ceux qui sont intermédiaires, n'est-ce pas ? — G. Oui. — S. Cela posé, qu'il me parle, dirai-je, et qu'il réponde, l'honorable contradicteur qui estime qu'il n'y a pas de beau en soi ni aucune forme de la beauté elle-même demeurant toujours identique à elle-même, mais qui croit à la multiplicité des belles choses, cet homme qui aime contempler et qui ne peut absolument pas souffrir qu'on dise que le beau est un, le juste aussi, et ainsi du reste. Excellent homme, lui dirons-nous, dans cette multiplicité de belles choses y en a-t-il une seule qui n'apparaîtra pas laide, de juste qui n'apparaîtra pas injuste, de pieuse qui n'apparaîtra pas impie ? — G. Non, nécessairement les choses belles elles-mêmes apparaissent également laides à quelque égard, et ainsi de toutes les choses qu'évoquait ta question. — S. Et qu'en est-il des multiples choses qui sont doubles ? apparaissent-elles moins comme des moitiés que comme des doubles ? — G. Si. — S. Et les choses grandes ou petites, légères ou lourdes méritent-elles plutôt ces qualifications que nous leur donnons éventuellement que les qualifications contraires ? — G. Non, car toujours chacune tiendra des deux. — S. Chacune de ces multiples choses est-elle plutôt qu'elle n'est pas ce que l'on dit qu'elle est ? — G. Elle ressemble à ces propos à double sens qu'on tient dans les banquets ou à la devinette des enfants au sujet de l'eunuque qui frappe la chauve-souris, où l'on demande avec quoi et sur quoi il l'a frappée ; car les choses dont nous parlions sont également à double sens : d'aucune d'elles on ne peut arrêter ni qu'elle n'est, ni qu'elle n'est pas, ni qu'elle est l'un et l'autre, ni qu'elle n'est ni l'un ni l'autre. — S. Sais-tu donc ce qu'il faut en faire et où tu leur trouveras meilleure place que celle qui se situe entre l'être et le non-être ? car il ne se trouvera ni de place plus obscure que le néant pour les rendre davantage inexistantes, ni de place plus claire que l'être pour leur accorder davantage d'existence. — G. C'est tout à fait vrai. — S. Ainsi nous avons découvert, à ce qui semble, que la foule de représentations que la foule se fait du beau et du reste, circule pour ainsi dire dans l'intervalle qui sépare l'être pur du pur non-être. — G. C'est ce que nous avons trouvé. — S. Or, nous étions convenus à l'avance que, si quelque chose de semblable se faisait jour, il nous fallait en faire l'opinable et non le connaissable, ce qui erre dans la région intermédiaire étant saisi par la faculté intermédiaire ? — G. Nous en étions convenus. — S. Ainsi donc, de tous les gens qui contemplent la multiplicité de belles choses mais qui ne voient pas le beau en soi et qui sont incapables de suivre celui qui les y conduit, de tous ceux qui contemplent la multiplicité des actes justes, sans voir le juste en soi et ainsi du reste, de ces gens-là nous dirons qu'ils ont opinion de tout cela, mais qu'ils n'ont aucunement connaissance de ce dont ils ont opinion. — G. Nécessairement. — S. Inversement, ceux qui contemplent chacune de ces réalités en elle-même et en tant qu'elle demeure toujours identique à elle-même, nous dirons qu'ils ont connaissance et non pas opinion, n'est-ce pas ? — G. C'est également nécessaire. — S. Ainsi nous dirons encore que les objets que recherchent et aiment les uns ce sont ceux de la connaissance, les autres ceux de l'opinion ? souvenons-nous : nous disions de ces derniers qu'ils aiment et qu'ils contemplent de belles voix, de belles couleurs, etc., mais qu'ils n'admettent pas que le beau en soi soit un être. — G. Nous nous en souvenons. — S. Aurons-nous tort de les appeler « philodoxes » plutôt que « philosophes » ? est-ce qu'ils nous en voudront beaucoup de les appeler ainsi ? — G. Pas du tout, s'ils veulent m'en croire, car il n'est pas permis de s'offenser de la vérité. — S. Ainsi, ceux qu'il faut appeler philosophes et non philodoxes, ce sont ceux qui recherchent chaque être en soi ? — G. Absolument.

République V, 478e-480a

D. DE L'OPINION À LA SCIENCE : DU SENSIBLE À L'INTELLIGIBLE

1. SAVOIR EST-CE PERCEVOIR ?

[THÉÉTÈTE-SOCRATE]

— T. Eh bien, Socrate, après un tel encouragement de ta part, ce serait une honte de ne pas faire de son mieux pour dire ce que l'on est capable de dire. Voici donc mon opinion : celui qui connaît quelque chose perçoit ce qu'il connaît, et pour dire ce qui m'est présentement évident, la science n'est rien d'autre que la sensation. — S. Bravo, mon cher Théétète, voilà comment il faut déclarer son avis ! Allons, examinons ensemble s'il est de bon aloi ou s'il est creux. La sensation, dis-tu, est connaissance ? — T. Oui. — S. Il se pourrait bien que ce que tu as dit de la connaissance, loin d'être banal, soit ce qu'en a dit également Protagoras. Il a énoncé la même chose d'une autre manière en disant que l'homme est « la mesure de toutes choses, tant de l'être des choses qui sont que du néant de celles qui ne sont pas ». Sans doute l'as-tu lu ? — T. Je l'ai même lu maintes fois. — S. N'est-ce pas ce qu'il signifie en disant : « telles m'apparaissent les choses, telles elles sont pour moi ; telles elles t'apparaissent, telles elles sont pour toi » ; or tu es homme, et moi aussi. — T. C'est bien ce qu'il déclare. — S. Il est à coup sûr vraisemblable qu'un habile homme ne déraisonne pas ; commentons-le donc. N'arrive-t-il pas parfois qu'un même souffle de vent donne le frisson à l'un et pas à l'autre ? frisson léger à celui-ci, violent à celui-là ? — T. Assurément. — S. En ce cas, que dirons-nous du vent « en soi », qu'il est froid ou qu'il n'est pas froid ? ou nous accorderons-nous avec Protagoras pour dire qu'il est froid pour celui qui frissonne, et qu'il ne l'est pas pour celui qui ne frissonne pas ? — T. Il est vraisemblable que nous serons de son avis. — S. Ainsi nous dirons également qu'il « apparaît » ainsi à chacun ? — T. Oui. — S. Et dire qu'il lui « apparaît », c'est dire qu'il le « perçoit ». — T. En effet. — S. Donc en matière de chaud et de toutes qualités sensibles de ce genre, « apparence » et « perception », c'est la même chose. Car il y a chance que ses choses *soient* pour chacun, telles que chacun les *perçoit*. — T. C'est vraisemblable. — S. Donc, d'une part, la perception est toujours perception de *ce qui est*, et, d'autre part, en qualité de connaissance, elle est *infaillible*. — T. C'est évident.

— S. Par les Grâces, il se pourrait que Protagoras ait été sage jusqu'au bout ; livrant cette énigme au ramassis que nous sommes, et réservant la vérité à ses disciples sous le sceau du secret. — T. Que veux-tu dire par là, Socrate ? — S. Je vais te le dire, et la thèse ne manque pas de poids : rien n'est en soi *un*, on ne peut rien désigner, ni qualifier ; si tu le qualifies de grand, il apparaîtra également petit, dc lourd, léger, et tout à l'avenant car il n'est rien qui soit *une* chose, ni *quelque* chose, ni *telle* chose ; et c'est de la translation, du mouvement et mélange réciproque que *devient* tout ce que nous disons *être* ; assertion incorrecte, car jamais rien n'*est*, mais toujours il *devient*. Là-dessus, à l'exception de Parménide, tous les sages sont unanimes : Protagoras, Héraclite et Empédocle, et parmi les poètes les plus grands dans chacun des genres :

dans la comédie : Épicharme, dans la tragédie : Homère. Lorsque ce dernier dit : « Océan, source des dieux et leur mère Thétys », il veut dire que toutes choses sont issues du flux et du mouvement... Interprète ainsi : pour commencer par le cas des yeux, ce que tu appelles, « couleur blanche » n'est en soi-même rien de distinct, ni au-dehors, ni au-dedans de tes yeux ; et ne lui assigne aucun lieu, car elle serait quelque part dans un ordre, elle subsisterait au lieu de devenir en devenir. — T. Mais comment ? — S. Reprenons l'argument de tout à l'heure, en nous gardant de rien poser qui soit un en soi. Dès lors, le noir, le blanc et tout autre couleur nous apparaîtront comme nés de la rencontre des yeux et de la translation convenable. Ce dont nous disons qu'il *est* telle ou telle couleur ne sera ni ce qui rencontre, ni ce qui est rencontré, mais ce qui est né *entre* les deux et comme *propre* à chaque sujet percevant. À moins que tu sois prêt à soutenir que toute couleur t'apparaît telle qu'elle apparaît au chien ou à tout autre animal ? — T. Certainement pas. — S. Et à un autre homme ? est-il rien qui lui apparaisse tel qu'à toi ? En es-tu certain ? n'es-tu pas bien plus certain que même à toi rien n'apparaît identique du fait que tu n'es jamais semblable à toi-même ?

Théétète, 151d-154a

2. L'HOMME PEUT-IL ÊTRE LA MESURE DES CHOSES ?

[SOCRATE-THÉODORE]

— S. Veux-tu que je te dise, Théodore, une chose qui m'étonne chez ton ami Protagoras ? — T. Laquelle, Socrate ? — S. Les premiers mots de son livre. Je consens volontiers à sa proposition que ce qui apparaît à chacun c'est aussi ce qui est, mais je reste étonné qu'il n'ait pas écrit au début de « *La Vérité* » : « la mesure de toutes choses, c'est le porc », ou le singe, ou parmi les vivants doués de sensation, quelque animal encore plus inattendu, pour nous interpeller avec superbe et parfait mépris en nous montrant qu'alors que nous l'admirions à l'égal d'un dieu pour sa sagesse, il ne se trouve en fait pas plus sage qu'un autre homme, bien mieux : pas plus qu'un têtard de grenouille. Que dire d'autre, Théodore ? si ce que la sensation de chacun lui permet d'opiner est vrai, si l'impression que juge l'un, nul autre ne la peut juger mieux que lui-même, si nul autre n'est mieux qualifié que lui pour juger si cette opinion est vraie ou fausse ; si au contraire, comme nous l'avons dit à maintes reprises, chacun est seul juge de ses propres impressions et que celles-ci sont toujours correctes et vraies, où est donc cette sagesse de Protagoras qui l'habilite à donner aux autres des leçons fort coûteuses et d'où vient que nous sommes plus ignorants que lui et contraints de le fréquenter, s'il est vrai que chacun est pour son propre compte la mesure de sa sagesse ? Le moyen de nier que ce soit là propos démagogiques de la part de Protagoras ? Je préfère ne rien dire de moi et de mon art maïeutique, tant nous voilà taxés de ridicule tout autant, je pense, que la pratique dialectique en son entier ; car soumettre à mutuel examen et tenter de critiquer représentations et opinions, alors que sont justes celles de tout un chacun, ne saurait être que bavardage prolixe et vain murmure, si la Vérité de Protagoras est véridique et si ce n'est pas un oracle pour rire qui sort du sanctuaire de son livre...

[SOCRATE-THÉÉTÈTE]

— S. Dis-moi, Théétète, n'es-tu pas étonné de te voir ainsi tout soudain hissé à un niveau de sagesse que nul ne dépasse, qu'il soit homme ou dieu ? mais peut-être es-tu d'avis que la mesure de Protagoras vaut moins pour les dieux que pour les hommes ?

— T. Pas du tout, et pour répondre à ta première question : oui, je suis tout à fait étonné. Quand nous développions tout à l'heure la formule : « ce qui semble à chacun, cela même *est*, pour celui à qui cela semble », cela m'apparaissait fort bien dit ; mais voici que maintenant mon opinion s'est rapidement inversée. — S. C'est que tu es jeune, promptement séduit et persuadé par la déclamation rhétorique. Car voici ce que Protagoras ou son avocat répliquera : « C'est vous, jeunes et vieux qui, dans votre générosité, faites de la déclamation en petit comité, en convoquant les dieux, alors que moi j'écarte de mes discours et de mes écrits toute affirmation de leur existence ou de leur non-existence, et les propos qui trouveraient audience auprès de la foule, ce sont ceux-là que vous tenez : ce serait terrible s'il n'y avait aucune différence entre chacun des êtres humains et une quelconque tête de bétail ! Loin d'alléguer une quelconque démonstration et nécessité, c'est à la vraisemblance que vous recourez, pratique qui discréditerait Théodore ou un autre s'il prétendait s'y livrer en géométrie. Voyez donc plutôt, Théodore et toi, si en des matières de telle importance, vous jugez recevable raison spécieuse et vraisemblance ! »

Théétète, 161b-163a

3. SAVOIR, EST-CE SEULEMENT POUVOIR ?

[SOCRATE]

« Allons, mon cher Socrate », dira Protagoras, « montre-toi plus généreux : essaie, si tu peux, de t'en prendre à ce que je dis réellement ; prouve qu'elles ne sont pas individuelles les perceptions qui adviennent à chacun de nous, ou bien que, lors même qu'on accorde qu'elles adviennent individuellement, il n'en résulterait pas davantage que ce qui apparaît n'advienne qu'à celui-là seul à qui cela apparaît, ou, à supposer qu'il faille substituer le verbe : exister au verbe : advenir ; que ce qui apparaît n'existe que pour celui à qui cela apparaît. En parlant ici de pourceaux et de singes, ce n'est pas seulement toi qui raisonnes comme un pourceau, c'est aussi tes auditeurs que tu persuades de traiter en cette façon mes écrits, ce qui est de ta part un vilain procédé. Car, pour ma part, je prétends que la vérité, c'est que j'ai écrit sous ce titre : chacun de nous est mesure de ce qui est et de ce qui n'est pas et pourtant l'un n'en diffère pas moins du tout au tout de l'autre en ce fait même qu'une chose est ce qui apparaît à l'un et existe pour lui, autre chose ce qui apparaît à l'autre et existe pour lui. Tant s'en faut que je nie l'existence du savoir et du savant, mais j'appelle savant précisément celui qui est capable de transformer ce qui apparaît et qui est mauvais à l'un d'entre nous en quelque chose qui apparaît et qui est bon pour lui. Et au lieu de te remettre à traquer ma définition, écoute plutôt l'explication que j'en donne. Souviens-toi d'un des exemples précédemment cités : pour celui qui est malade, ce qu'il mange apparaît et est amer, alors qu'il apparaît et qu'il est tout le contraire pour celui qui est en bonne santé. Il n'est pas question de rendre aucun des deux plus savant, car c'est impossible ; non plus que de qualifier le malade d'ignorant parce qu'il en juge comme il le fait, et celui qui est en bonne santé de savant parce qu'il en juge autrement ; ce qu'il faut, c'est faire changer d'état, car il y en a un qui est meilleur que l'autre. De même dans l'éducation, il faut faire passer d'un état à un autre qui est meilleur, à ceci près que c'est par les discours que le sophiste effectue le changement que le médecin opère par les remèdes. Ce n'est pas qu'on parvienne à faire juger vrai quelqu'un qui précédemment jugeait faux (car il n'est possible ni de juger ce qui n'est pas ni de juger autre chose que ce qui est éprouvé et qui est toujours vrai) ; c'est, selon moi, qu'on parvient à faire qu'une âme, dont les jugements étaient conformes à son mauvais état, se mette à en former d'autres, conformes à son bon état ; jugements que d'aucuns, par ignorance, qualifient de vrais, alors que, pour ma part, je prétends que les uns sont *meilleurs* que les autres, mais nullement *plus vrais.* Quant aux savants, mon cher Socrate, loin d'aller les chercher chez les grenouilles, je les trouve chez les médecins quand il s'agit des corps, chez les cultivateurs quand il s'agit des plantes. Car même ces derniers, je le prétends, font que les plantes qui se sentent mal quand elles sont malades se sentent bien et en bonne santé, tout de même que je prétends que les orateurs, du moins lorsqu'ils sont savants et bons orateurs, font avoir aux cités au lieu de vues malsaines des vues saines de ce qui est juste. Car je soutiens que toutes les choses qui *paraissent* justes et belles à chaque cité, *sont* justes et belles pour elle aussi longtemps qu'elle les pense telles, mais que celui qui est savant fait être et paraître ce qui est bénéfique aux cités à la place de telle ou telle chose nocive pour elles. Par la même raison, le sophiste ainsi capable d'éduquer ses élèves est savant et digne d'être largement rétribué par ceux qu'il a éduqués. Et voilà comment il se fait tout à la fois qu'il y a des gens qui sont plus savants que d'autres et que personne ne juge faux ; quant à toi, Socrate, il te faut supporter d'être mesure, car en tout cela ma thèse se tire d'affaire. »

Théétète, 166c-167d

4. LE RELATIVISME SE RÉFUTE LUI-MÊME

[SOCRATE-THÉODORE]

— S. Pour nous mettre d'accord par la voie la plus courte, ne recourons pas à autrui, mais partons du discours de Protagoras lui-même. Il prétend, n'est-ce pas, que ce qui *semble* vrai à chacun est *vrai* pour lui, à qui cela semble tel ? — T. C'est bien ce qu'il dit.

— S. Mais alors, Protagoras, nous aussi, nous disons ce qui semble vrai à un homme, ou plutôt à tous les hommes, quand nous disons qu'il n'en est aucun qui ne s'estime en certains domaines plus savant que les autres, en d'autres domaines moins savant que d'autres ; pas un, tout au moins dans les périls extrêmes, quand ils se déchaînent dans les guerres, les maladies, ou sur mer, qui ne considère comme des dieux ceux qui contrôlent chacune de ces situations ; s'il voit en eux ses sauveurs, c'est uniquement parce qu'ils sont supérieurs en savoir. A vrai dire, toutes les affaires humaines sont pleines de gens en quête de maîtres et de chefs, pour eux-mêmes, pour les autres animaux et pour leurs travaux, et pleines, d'autre part, de gens qui estiment qu'ils sont capables d'enseigner, capables de commander. Et en tout cela, que dire sinon que les hommes eux-mêmes pensent qu'il y a parmi eux science et ignorance ? — T. Rien d'autre. — S. Et ils pensent que la science, c'est la pensée vraie, et l'ignorance, l'opinion fausse ? — T. Bien sûr ! — S. En ce cas, Protagoras, que ferons-nous de ton discours ? dirons-nous que ce que les hommes pensent est toujours vrai, ou bien que c'est tantôt vrai, tantôt faux ? dans les deux cas, la conséquence c'est qu'ils ne jugent pas toujours vrai, mais également vrai et faux. Examine en effet, Théodore, si toi, ou l'un des disciples de Protagoras, vous êtes disposés à prétendre qu'il n'y a personne à regarder quelqu'un d'autre comme ignorant et jugeant faux. — T. On ne peut y croire, Socrate. — S. C'est pourtant la conséquence nécessaire de la thèse qui soutient que l'homme est la mesure de toutes les choses. — T. Comment cela ? — S. Lorsque après avoir formé un jugement dans ton esprit, tu m'exprimes une opinion sur quelque chose, admettons que, selon la thèse de Protagoras, pour toi cette opinion soit vraie ; mais faut-il admettre que nous, les autres, nous ne pouvons être juges de ton jugement, à moins de juger toujours que ton opinion est vraie ? n'y a-t-il pas plutôt des milliers d'opposants qui opposent leurs opinions aux tiennes et pensent que ton jugement et ta croyance sont faux ? — T. Pardieu, si, Socrate, des myriades comme dit Homère, et qui me font tous les tracas du monde ! — S. Et alors ? Veux-tu que nous disions, que, dans ce cas, pour toi ton opinion est vraie et que pour des myriades de gens, elle est fausse ? — T. Cela paraît être une conséquence nécessaire de la thèse. — S. Et quelle est la conséquence pour Protagoras lui-même ? N'est-ce pas nécessairement celle-ci : à supposer que lui-même ne croie pas que l'homme est mesure, et que la plupart des gens ne le croient pas non plus, comme c'est précisément le cas, alors cette vérité qui est l'objet de son livre n'existe plus pour personne. D'autre part, s'il le croyait, alors que la plupart ne le croient pas avec lui, tu conçois qu'en premier lieu c'est plus faux que vrai dans l'exacte mesure où le nombre de ceux qui ne le croient pas excède le nombre de ceux qui le croient. — T. Nécessairement, dès lors du moins que c'est de l'opinion de chacun que dépend son existence ou sa non-existence. — S. En second lieu, voici le fin du fin : Protagoras, pour sa part, admettant comme il le fait que l'opinion de chacun est vraie, doit reconnaître la vérité de ce que croient ses opposants de sa propre croyance lorsqu'ils pensent qu'elle est fausse. — T. Assurément. — S. Ainsi il reconnaîtrait que sa propre opinion est fausse, s'il admet que l'opinion de ceux qui pensent qu'elle est fausse est vraie ? — T. Nécessairement. — S. Mais les autres de leur côté ne conviennent pas qu'eux-mêmes se trompent ? — T. C'est un fait. — S. Alors que Protagoras, conformément à ce qu'il a écrit, reconnaît une fois encore qu'une telle opinion est vraie. — T. Évidemment. — S. Ainsi tout le monde, à commencer par Protagoras, contestera, ou plutôt, c'est lui qui tombera d'accord en convenant que celui qui le contredit a une opinion vraie, car alors Protagoras lui-même conviendra que ni un chien, ni le premier homme venu n'est mesure, fût-ce d'une seule chose dont il n'aurait pas acquis la connaissance. N'est-il pas vrai ?

— T. Si. — S. Ainsi, unanimement contestée, la Vérité de Protagoras ne sera vraie pour personne, ni pour un autre que lui, ni pour lui.

Théétète, 170a-171c

5. DE L'IMAGE À L'ESSENCE : DE L'OPINION À LA SCIENCE

[SOCRATE-HERMOGÈNE]

— S. Allons, voyons, Hermogène, en ce qui concerne les choses qui existent, quel est ton avis ? Crois-tu que leur essence est relative à chaque individu, comme le prétend Protagoras disant que « l'homme est la mesure de toutes choses », ce qui paraît signifier : telles m'apparaissent les choses, telles elles sont pour moi, telles elles t'apparaissent, telles elles sont pour toi ? ou bien es-tu d'avis qu'en elles-mêmes, elles possèdent quelque permanence de leur essence ? — H. Pour ma part, Socrate, il m'est déjà arrivé dans mon embarras de me laisser aller à la thèse de Protagoras, alors que pourtant je ne crois pas précisément qu'il en soit ainsi. — S. Dis-moi, t'est-il déjà arrivé de te laisser aller jusqu'à ne pas croire absolument qu'il existe un homme méchant ? — H. Non, par Zeus, j'en ai assez souvent fait l'expérience pour être entièrement convaincu que certains hommes sont méchants et même qu'il n'en manque pas. — S. Et des hommes tout à fait bons, n'as-tu pas encore cru qu'il en existe ? — H. Fort peu. — S. Mais tu l'as cru ? — H. Oui. — S. Que t'en semble là-dessus ? n'es-tu pas d'avis que ceux qui sont tout à fait bons sont tout à fait raisonnables, ceux qui sont tout à fait méchants tout à fait déraisonnables ? — H. C'est bien ce que je pense. — S. Est-il donc possible, si Protagoras disait vrai, et si la vérité, c'est que les choses sont telles qu'elles apparaissent à chacun, est-il possible que certains d'entre nous soient raisonnables, d'autres déraisonnables ? — H. Non certes. — S. Voilà du moins une chose dont tu es bien convaincu : puisqu'il y a raison et déraison, il est impossible que Protagoras dise vrai, car l'un ne serait en rien vraiment plus raisonnable que l'autre, si les opinions de chacun sont pour chacun la vérité. — H. C'est exact. — S. Mais je pense que tu n'es pas non plus de l'avis d'Enthydème pour qui toutes les choses existent toujours simultanément pour tous semblablement. Car les uns ne sauraient non plus être bons, les autres méchants, si vertu et vice étaient toujours semblablement pour tous. — H. Tu dis vrai. — S. Par conséquent, s'il n'est pas vrai que toutes choses soient toujours simultanément pour tous semblablement et s'il n'est pas vrai non plus que chacune soit propre à chacun, il est évident que les choses ont en elles-mêmes un certain être permanent, qui n'est pas relatif à nous, qui n'est pas notre fait, et que les choses ne sont pas entraînées de ci de là par l'image que nous nous en faisons, mais que les choses existent par elles-mêmes selon l'être que leur confère leur nature. — H. Il me semble, Socrate, qu'il en est bien ainsi. — S. Mais alors, les choses ayant ainsi leur nature, est-ce qu'il n'en ira pas de même des activités qui les concernent ? est-ce que ces activités elles-mêmes ne sont pas une forme déterminée de réalité ? — H. Assurément, elles aussi. — S. C'est donc conformément à leur nature propre que ces activités ont lieu, et non pas conformément à l'opinion que nous nous en faisons. Par exemple, si nous nous mettons à découper une des choses qui existent, devons-nous découper chacune comme nous voulons et au moyen de ce que nous voulons ? n'est-ce pas en voulant découper chacune conformément à la nature du couper et de l'être coupé et en nous servant de l'instrument naturellement approprié que nous réussirons à découper et que nous le ferons correctement, alors qu'en allant contre la nature nous manquerons le but et n'aboutirons à rien ? — H. C'est mon avis. — S. Et si nous entreprenons de brûler quelque chose, ce n'est pas en nous conformant à toute opinion qu'il faut le faire, mais selon celle qui est correcte ? et cette dernière n'est-elle pas celle qui dit comment et avec quoi chaque chose est par nature propre à être brûlée ? — H. C'est bien cela. — S. Et ainsi du reste ? — H. Parfaitement.

Cratyle, 385e-387b

6. LA CONDITION DE POSSIBILITÉ DE LA CONNAISSANCE

[SOCRATE-CRATYLE]

— S. Examine, mon cher Cratyle, ce qu'il m'arrive souvent, pour ma part, de rêver : Devons-nous oui ou non affirmer qu'il existe un Beau, un Bon en soi, et de même pour chacun des êtres pris individuellement ? — C. À mon avis, il faut l'affirmer, Socrate. — S. Examinons donc cet en soi. Il ne s'agit pas de savoir si un visage est beau, ou quelque chose de ce genre, car toutes apparaissent en proie à l'écoulement ; parlons du beau en soi : n'est-il pas toujours identique à lui-même ? — C. Nécessairement. — S. Est-il possible, s'il ne cesse de s'évader, de le qualifier correctement, en commençant par dire qu'il est ceci, puis qu'il est tel ; ou bien n'est-ce pas une nécessité que, dans le temps que nous parlons, il devienne aussitôt un autre soi, qu'il s'évade, et qu'il ne soit plus tel ? — C. C'est forcé. — S. Ce qui n'est jamais dans le même état, comment serait-il quelque chose ? Car à supposer qu'il vienne à conserver le même état, pendant ce temps-là du moins il est clair qu'il ne change en rien ; et s'il le conserve toujours et qu'il est toujours le même, comment changerait-il ou serait-il en mouvement puisqu'il ne s'écarte en rien de la nature qui lui est propre ? — C. Ce serait absolument impossible. — S. Mais ce qui n'est jamais dans le même état ne saurait être connu de personne. Car à l'approche du sujet connaissant, il deviendrait autre et différent, de sorte qu'on ne saurait plus quel il est, ou en quel état ; or il est bien certain qu'aucune connaissance ne connaît ce qu'elle connaît dépourvu de toute manière d'être. — C. Il en est comme tu dis. — S. Mais c'est même de la connaissance, Cratyle, qu'il ne semble pas qu'on puisse parler si toutes les choses se transforment et que rien ne demeure. Car dans le cas où cela même qu'est la connaissance ne cesse pas d'être connaissance, alors la connaissance demeure et il y a connaissance. Mais dans le cas où c'est la nature même de la connaissance qui vient à changer, du coup c'est en une autre nature que celle de la connaissance qu'elle se change, et il n'y a pas connaissance ; et si elle change sans cesse, jamais il n'y a connaissance, en conséquence de quoi il n'y a ni sujet connaissant ni objet connu. Mais dans le cas où il y a existence permanente du sujet connaissant, de l'objet connu, du beau, du bien, de chaque être en particulier, il me semble que les choses dont nous sommes en train de parler n'ont rien d'un écoulement ni d'un déplacement.

Cratyle, 439c-440c

7. INTELLIGIBLE ET SENSIBLE : SCIENCE ET OPINION

[TIMÉE]

Existe-t-il un feu absolu et en soi, et tous les objets dont nous ne cessons de parler ont-ils en même façon chacun leur être absolu et en soi ? ou bien au contraire tous les objets que nous voyons et tous ceux dont le corps nous permet d'avoir la sensation sont-ils les seuls à posséder une telle vérité ? n'en existe-t-il jamais d'autres que ceux-là en aucune façon et est-ce en l'air que nous parlons chaque fois que nous disons qu'il y a une forme intelligible de chaque objet et n'est-ce là qu'un mot ? Cette question nous n'avons pas le droit de la trancher arbitrairement sans examen ni jugement, mais nous ne pouvons pas non plus ajouter à la longueur du présent propos celle d'un propos accessoire ; mais si se faisait jour un critère majeur et concis, c'est ce qu'il y aurait de plus opportun. Voici comment pour ma part j'exprime mon suffrage : si intellection et opinion vraie sont deux genres distincts, ces formes qui ne peuvent être objets de sensation, mais seulement de pensée ont absolument l'existence en soi ; mais si au contraire, comme il paraît à certains, l'opinion vraie ne diffère en rien de la science, il faut admettre que tout ce que le corps nous permet de sentir est on ne peut plus certain. Or il faut affirmer que ce sont deux genres distincts, tant parce que leur origine est différente que parce que leurs caractères sont dissemblables. C'est par l'enseignement que nous vient la science, par la persuasion que nous vient l'opinion vraie ; la première s'accompagne toujours d'une raison vraie qui fait défaut à la seconde ; l'une ne se laisse pas ébranler par la persuasion, qui est capable de retourner l'autre ; enfin il faut dire que tout homme a part à l'opinion, mais à l'intellection, les dieux, et parmi les hommes, une minorité. Cela étant, il faut admettre qu'il y a : d'une part, ce qui a forme identique, ce qui ne naît ni ne périt, ce qui n'accueille en soi rien qui vienne d'ailleurs ni ne va lui-même en un autre, ce qui est invisible et inaccessible à aucun sens, ce qu'il revient à l'intellect d'examiner ; en second lieu il y a, d'autre part, ce qui est semblable et porte le même nom que la réalité précédente, mais qui tombe sous le sens, qui naît, qui est toujours en mouvement, apparaît en un lieu pour en disparaître ensuite, ce qui se laisse saisir par l'opinion accompagnant la sensation.

Timée, 51b-52a

8. VISIBLE ET INVISIBLE : SENSATION ET PENSÉE

[SOCRATE-CÉBÈS]

— S. Cette essence dont nous définissions l'être dans les questions et réponses de nos dialogues, demeure-t-elle toujours identique à elle-même ou bien est-elle tantôt ceci, tantôt cela ? l'Égal en soi, le Beau en soi, ce que chaque chose est en soi, son être, tolère-t-il jamais un quelconque changement ? ou bien ce qu'est chacune de ces choses, de forme unique si on le considère en lui-même, ne demeure-t-il pas toujours identique à lui-même sans jamais tolérer nulle part aucune altération en quoi que ce soit ? — C. Nécessairement chacun reste identique à soi-même. — S. Et qu'en est-il des multiples choses qui sont belles, hommes, chevaux, vêtements ou toutes autres choses semblables, des choses qui sont égales ou belles ou de façon générale de toutes celles qui portent le même nom que les êtres dont on vient de parler ? Est-ce que ces choses gardent leur identité ou bien tout à l'inverse de ces êtres ne gardent-elles pour ainsi dire jamais en aucune façon leur identité dans leurs rapports à elles-mêmes et aux autres ? — C. À l'inverse, elles ne gardent jamais leur identité. — S. Ainsi les unes, tu peux les toucher, les voir, les sentir par les autres sensations, tandis que les autres, toujours identiques à elles-mêmes, tu n'as absolument d'autre moyen de les saisir que le raisonnement de la pensée, de telles choses étant invisibles et n'étant pas objet de vision ? — C. C'est tout à fait vrai. — S. Posons donc, veux-tu, qu'il y a deux espèces d'être, l'un visible, l'autre invisible. — C. Soit. — S. Posons également que celui qui est invisible garde toujours son identité, tandis que celui qui est visible ne la garde jamais. — C. Soit également. — S. Mais nous-mêmes, sommes-nous autre chose qu'un corps et une âme ? — C. Rien d'autre. — S. À laquelle des deux espèces d'être dirons-nous que le corps est le plus semblable et le plus apparenté ? — C. Chacun voit bien que c'est à l'espèce de l'être visible. — S. Et l'âme ? est-elle visible ou invisible ? — C. Pour les hommes au moins, elle n'est pas visible. — S. Mais pour notre part, c'est bien de ce qui est visible ou non à l'espèce humaine que nous parlons, ne crois-tu pas ? — C. Si. — S. Donc que disons-nous de l'âme ? qu'elle est visible ou non ? — C. Qu'elle n'est pas visible. — S. Donc qu'elle est invisible. — C. Oui. — S. Ainsi l'âme est plus semblable à l'invisible que le corps, et le corps plus semblable au visible ? — C. De toute nécessité. — S. Mais n'avons-nous pas dit également que l'âme, lorsqu'elle se sert du corps pour examiner quelque chose, que ce soit de la vue, de l'ouïe ou de quelque autre sensation (car recourir à la sensation, c'est recourir au corps), le corps l'entraîne vers ce qui n'est jamais identique à soi-même, elle divague, elle est prise de trouble et de vertige comme si elle avait bu, du seul fait d'entrer en rapport avec une réalité de cette sorte ? — C. Absolument. — S. Mais quand elle examine en elle-même et par elle-même, c'est ailleurs qu'elle se dirige, vers ce qui est pur, éternel, immortel, toujours identique à soi ; comme elle est apparentée à cette réalité, elle ne cesse d'avoir commerce avec elle aussi longtemps qu'elle est en elle-même et par elle-même et qu'elle peut l'être ; elle cesse de divaguer, et le contact avec cette réalité fait qu'elle demeure toujours identique à elle-même : c'est cet état de l'âme qui se nomme : pensée.

Phédon, 78c-79d

9. CE N'EST PAS L'ŒIL QUI VOIT, MAIS L'ÂME PAR L'ENTREMISE DE L'ŒIL

[SOCRATE-THÉÉTÈTE]

— S. C'est la sensation qui est science, as-tu dit ? — T. Oui. — S. Eh bien, si on te demandait : par quoi l'homme voit-il le blanc et le noir et par quoi entend-il l'aigu et le grave ? Je pense que tu dirais par les yeux et par les oreilles. — T. C'est vrai. — S. La facilité à user des mots et des expressions n'a, en général, rien de roturier, c'est plutôt le contraire qui est indigne d'un homme libre, mais c'est parfois nécessaire, ainsi, par exemple, il faut reprendre ce que ta réponse a de défectueux. Réfléchis, en effet : quelle est la réponse la plus correcte ? dire que les yeux sont *ce par quoi* nous voyons ou *ce au moyen de quoi* nous voyons et les oreilles ce par quoi nous entendons ? — T. À ce qu'il me semble, ce au moyen de quoi nous percevons chaque sensation, plutôt que ce par quoi. — S. Ce serait en effet bien étrange, mon jeune ami, qu'une pluralité de sensations fussent logées en nous comme dans des chevaux de bois et qu'il n'y eût pas quelque forme unique, qu'on l'appelle l'âme ou de quelque autre nom, où toutes ces sensations convergent et par laquelle, usant d'elles comme *d'instruments* nous percevons tous les sensibles. — T. Cette explication me semble plus juste que l'autre. — S. Ce que je veux te faire préciser par là, c'est s'il y a en nous un pouvoir, toujours le même, par lequel, avec les yeux comme moyen, nous atteignons le blanc et le noir et par le moyen des autres sens, d'autres sensibles et si, interrogé, tu pourrais rapporter tout cela au corps ? Peut-être vaut-il mieux que tu parles toi-même en réponse à mes questions et que ce ne soit pas moi qui m'en charge à ta place. Dis-moi, chacun des sens au moyen desquels tu perçois le chaud, le sec, le léger, le doux, est-ce au corps ou à quelque chose d'autre que tu le rapportes ? — T. À rien d'autre qu'au corps. — S. Es-tu prêt à m'accorder que ce que tu perçois au moyen d'une faculté, il est impossible que tu le perçoives au moyen d'une autre ? par exemple, de sentir par la vue ce que tu sens par l'ouïe et par l'ouïe ce que tu sens par les yeux. — T. Comment pourrais-je ne pas l'accorder ? — S. Donc si tu conçois quelque chose qui concerne les deux, ce n'est ni par l'un ni par l'autre que peut te venir la perception commune.

— T. Assurément non. — S. Aussi, s'agissant du son et de la couleur, n'as-tu pas d'abord cette conception que tous deux *existent* ? — T. Oui certes. — S. Puisque chacun des deux est *différent* de l'autre, mais identique à lui-même ? — T. Sans doute. — S. Qu'ensemble ils sont *deux*, et que chacun est un ? — T. Oui également. — S. Et leur *dissemblance* ou *ressemblance* mutuelle, es-tu capable d'en faire l'examen ? — T. Peut-être. — S. Et maintenant au moyen de quoi conçois-tu cela à leur sujet ? Ce n'est ni au moyen de l'ouïe ni au moyen de la vue que tu es capable de saisir ce qu'ils ont de *commun.* Encore une preuve de ce que nous disons ; s'il est possible d'examiner si tous deux sont salés ou non, tu sais que tu es à même de me dire par quel organe tu l'examines et ce n'est apparemment ni la vue, ni l'ouïe, mais quelque chose d'autre ? — T. Bien sûr, n'est-ce pas la faculté dont la langue est l'instrument ? — S. Bonne réponse, mais par quel instrument s'exerce la faculté qui te révèle ce qui est commun à toutes choses aussi bien qu'à celles dont nous parlons, et que tu désignes par « est » ou « ou n'est pas » et par tous les termes que nous venons d'employer dans nos questions. À tous ces *communs* quels organes affecteras-tu grâce auxquels ce qui sent en nous les perçoit ? — T. Tu veux parler de l'être et du non-être, de la ressemblance et de la dissemblance, de l'identité et de la différence et aussi de l'unité et des autres nombres appliqués à ces choses. Évidemment ta question concerne aussi le pair et l'impair et tout ce qui s'ensuit et tu demandes au moyen de quel organe corporel nous le percevons par l'âme. — S. Tu me suis merveilleusement, Théétète, c'est tout à fait cela que je demande. — T. Mais pardieu Socrate, je ne sais que dire sinon qu'à mon avis il n'y a pas d'organe spécial pour ces choses comme il y en a pour les autres : il me semble que c'est l'âme elle-même et par elle-même qui en toutes choses examine ces communs.

Théétète, 184b-185e

10. L'INTELLIGIBLE, OBJET PROPRE DE L'INTELLIGENCE

[SOCRATE-SIMMIAS]

— Socr. Affirmons-nous l'existence de quelque chose qui est juste en soi ou non ? — Sim. Nous l'affirmons, bien sûr. — Socr. Du beau et du bon en soi également ? — Sim. Et comment ! — Socr. Or as-tu jamais vu de tes yeux quelque réalité de cette sorte ? — Sim. Aucunement. — Socr. Mais alors c'est que tu les as appréhendées par une autre sensation que par celles que le corps rend possibles ? Or c'est de toutes que je veux parler : grandeur, santé, force, en un mot de l'essence de toutes choses, de ce qu'il se trouve que chacune est ; est-ce le corps qui permet de contempler ce qu'elles ont de plus vrai ? ne faut-il pas dire plutôt que c'est celui d'entre nous qui s'est préparé le plus à fond et le plus exactement à penser en lui-même tout objet de son examen qui en approchera le plus la connaissance ? — Sim. Absolument. — Socr. Qui donc atteindrait en cela le plus haut degré de pureté, sinon celui qui à chaque fois recourrait le plus possible à la seule pensée, sans conjoindre à son activité de pensée la vue non plus qu'aucune autre sensation, sans en laisser traîner aucune avec le raisonnement, celui qui, usant de la pensée pure en elle-même et par elle-même, se mettrait en chasse de chacun des êtres en sa pureté, en lui-même et par lui-même, après s'être débarrassé le plus possible de ses yeux, de ses oreilles et, pour ainsi dire, du corps tout entier parce qu'il trouble l'âme et que son commerce l'empêche d'acquérir vérité et sagesse ; n'est-ce pas lui, s'il en est un, qui atteindra l'être ? — Sim. Ce que tu dis est profondément vrai.

Phédon, 65d-66a

11. IL N'EST DE SCIENCE QUE DES FORMES

[SOCRATE-CÉBÈS]

— S. En me mettant à t'exposer quelle espèce de cause faisait l'objet de mes préoccupations, voici que j'en reviens à ce que j'ai maintes fois ressassé et que j'en fais mon point de départ, en posant l'existence en soi du beau, du bien, du grand, etc. Examine si tu tombes d'accord avec moi sur les conséquences qui s'ensuivent. Il est évident pour moi que si, outre le beau en soi, il existe quelque chose d'autre qui soit belle, elle ne peut l'être que parce qu'elle « participe » de ce beau en soi, et j'en dis autant de tout. Donnes-tu ton accord à une telle cause ? — C. Oui. — S. Dans ces conditions, je ne comprends plus et je ne peux plus connaître les autres causes, celles qui sont savantes, et si on vient me dire que la cause de sa beauté c'est l'éclat de sa couleur ou sa forme ou autre chose du même genre, je me détourne de toutes ces causes, car elles me mettent le trouble dans l'esprit ; pour moi, je m'en tiens à celle-ci, toute simple, sans art, naïve, peut-être : ce qui fait que la chose est belle c'est une « présence », ou une « communion » du beau en soi, comme on voudra dire, car ce n'est pas le point sur lequel je m'acharne pour le moment, mais sur le fait que c'est le beau en soi qui rend belles toutes les belles choses. C'est, me semble-t-il, la réponse la plus sûre sur je puisse me faire à moi-même et à autrui. En m'y tenant, j'ai dans l'idée que je ne me tromperais jamais et que la réponse infaillible à me faire, à moi et à quiconque, est celle-ci : c'est par le beau que les belles choses sont belles. Ne crois-tu pas ? — C. Je le crois. — S. C'est par la grandeur que les choses grandes sont grandes et plus grandes les plus grandes, c'est par la petitesse que les choses plus petites sont plus petites. — C. Oui. — S. Donc toi non plus tu n'accepterais pas qu'on vînt te dire que c'est « d'une tête » qu'un tel est plus grand que tel autre, lequel est à son tour plus petit « d'une tête » que le premier ; mais tu protesterais que, pour ta part, tu t'en tiens à ce langage : tout ce qui est plus grand ne saurait être plus grand, par rien d'autre que par une grandeur, ce qui fait qu'il est plus grand, c'est la grandeur ; ce qui est plus petit n'est plus petit par rien d'autre que par une petitesse, ce qui fait qu'il est plus petit, c'est la petitesse. Je pense que tu craindrais de voir se dresser l'objection, au cas où tu dirais que c'est « de la tête » que l'un est plus grand, l'autre plus petit : premièrement, c'est donc de la même chose que le plus grand est le plus grand et le plus petit plus petit ? deuxièmement, c'est de la tête, qui est petite, que le plus grand est plus grand ? n'est-ce pas prodigieux d'être plus grand par quelque chose de petit ? c'est bien ces objections que tu craindrais ? — C. Pour moi, oui, dit Cébès en riant. — S. Ou encore : que ce soit de 2 que 10 est plus que 8, que c'est 2 qui est la cause de l'excès, tu aurais peur de le dire, mais non pas que c'est par une quantité et à cause de la quantité ? et pour la longueur de deux coudées, de dire que c'est de la moitié qu'elle est plus grande qu'une coudée, mais non pas de dire que c'est par la grandeur, car dans les deux cas, l'objet de crainte est le même, n'est-ce pas ? — C. Tout à fait. — S. Autre exemple : 1 + 1, tu te garderais de dire, n'est-ce pas, que c'est l'addition qui est la cause de la production du 2, ou, s'il est divisé, que c'est la division qui est cause. Tu te récrierais que tu ne connais pas d'autre manière pour chaque chose de venir à être que de participer à l'essence propre de chaque être dont elle doit participer et que, dans le cas cité, tu ne vois d'autre cause à la production du 2 que la participation à la dyade ? et qu'il est nécessaire que participe à cette dyade ce qui doit devenir deux, et à la monade ce qui doit devenir un ? Quant à ces divisions et additions et autres subtilités de ce genre, tu leur donnerais congé, laissant ces réponses à plus savant que toi. Voilà comment tu répondrais, toi, qui crains jusqu'à ton ombre, comme on dit, et te défies de ton inexpérience, en t'en tenant à l'infaillibilité de ton hypothèse. Et si quelqu'un s'en prenait à cette hypothèse, tu ferais la sourde oreille et tu examinerais si les conséquences qui en découlent sont consonantes ou dissonantes. Puis, lorsque le moment serait venu où il te faudrait rendre raison de cette hypothèse elle-même, tu le ferais selon la même méthode, c'est-à-dire en posant de nouveau une hypothèse, celle des hypothèses supérieures qui te paraîtrait la meilleure, jusqu'à ce que tu parviennes à quelque chose de suffisant. Et du même coup tu éviterais la confusion où tombent les controversistes, qui consiste à discuter en même temps du principe et des conséquences qui en découlent, dans la mesure même où tu te proposes de trouver quelque chose de vrai ; car peut-être n'est-ce là ni le propos ni le souci de ces gens-là, puisque leur habilité les met à même d'être contents d'eux en mélangeant tout. Mais toi, si tu es philosophe, je pense que tu feras comme je viens de dire.

Phédon, 100b-101e

E. LA SCIENCE DES FORMES

1. LE PROGRAMME IDÉAL D'UNE SCIENCE DES FORMES

[SOCRATE]

Mais dis-moi, Zénon, ne penses-tu pas qu'il y a une Forme en soi de la Ressemblance, et qu'à une telle Forme s'en oppose une autre qui lui est contraire : l'essence du Dissemblable ? et qu'à ces deux êtres, toi, moi et tout le reste que nous appelons Multiple, nous avons participation ? et que ce qui participe au Semblable devient, de ce fait et dans la mesure où il participe, lui-même semblable, ce qui participe à la Dissemblance, dissemblable et ce qui participe aux deux, à la fois semblable et dissemblable ? Or il se trouve que toutes choses participant à ces Formes contraires, et que du fait qu'elles participent aux deux, elles sont à la fois semblables et dissemblables à elles-mêmes, qu'y a-t-il là d'étonnant ? Car si c'était les Semblables en soi qu'on nous démontrât devenir dissemblables ou les Dissemblables semblables, j'y verrais pour ma part un prodige ; mais si ce sont les choses qui participent à ces deux Formes qu'on nous révèle affectées des deux caractères, pour moi du moins il n'y a là, Zénon, rien qui paraisse étrange, pas plus que si on nous déclare Un l'ensemble des choses du fait de leur participation à l'Un, et multiple du fait de leur participation à la Pluralité. Par contre, l'essence de l'Un, si on la démontre en soi multiple et inversement si on démontre un le Multiple, alors je m'étonnerai. J'en dis autant pour tout le reste : si ce sont les Genres et les Formes elles-mêmes qu'on nous montre en elles-mêmes affectées de ces affections contraires, cela mérite qu'on s'étonne ; mais si c'est de moi qu'on démontre que je suis un et multiple, qu'y a-t-il d'étonnant ? on dira, quand on veut me montrer multiple, qu'une chose est ma droite, autre chose ma gauche, une chose ma face avant, autre chose ma face arrière, de même pour le haut et le bas... J'en conviens, je participe à la Pluralité ; et quand on veut me déclarer un, on dira que dans notre groupe de sept je suis un homme en ce que je participe aussi à l'Un, si bien qu'on aura démontré la vérité des deux affirmations. Si ce sont des objets de ce genre, qu'on s'applique à dire plusieurs et un, nous dirons que ce qu'on nous démontre multiple et un ce sont pierres, bouts de bois et choses du même genre, mais ce n'est pas l'Un qu'on nous montre multiple, ni le Multiple un ; on ne nous dit là rien d'étonnant, rien dont tout le monde ne convienne. Mais s'agissant des êtres dont je parlais tout à l'heure, que l'on commence par distinguer et mettre à part, en leur réalité spécifique les Formes, telles que la Similitude et la Dissemblance, la Pluralité et l'Unité, le Repos et le Mouvement et tous les êtres de cette sorte ; puis qu'on montre qu'entre elles-mêmes elles sont capables de se mélanger et de se séparer, c'est alors, Zénon, que je serais émerveillé et ravi. Tu as conduit ta démonstration avec beaucoup de maîtrise, à mon avis ; mais je le répète, je me réjouirais bien davantage si de la même manière que vous avez procédé dans les choses visibles, quelqu'un était capable de montrer également dans les choses que saisit le raisonnement, cette même difficulté entrelacée de multiples façons dans les Formes elles-mêmes.

Parménide, 128e-130a

2. EXISTE-T-IL DES FORMES DE TOUTES CHOSES ?

[PARMÉNIDE-SOCRATE]

— P. Mais, dis-moi Socrate, admets-tu personnellement la distinction dont tu parles ? est-ce que tu mets à part d'un côté les Formes en elles-mêmes, à part d'un autre côté les choses qui y participent ? Et est-ce que tu reconnais un être à la Similitude en soi, à part de la similitude qui est en nous, et de même à l'Un, au Multiple et à toutes les déterminations dont Zénon vient de traiter devant toi ? — S. Assurément, Parménide. — P. Le fais-tu encore dans les cas suivants : poses-tu, par exemple, une Forme en soi du Beau, du Bien et de toutes déterminations de ce genre ? — S. Oui. — P. Et également une Forme de l'Homme, distincte de nous et de tous hommes que nous sommes, une Forme en soi de l'Homme, du Feu et de l'Eau ? — S. C'est là, Parménide, une question qui m'a bien souvent mis dans l'embarras : faut-il tenir le même langage que dans les cas précédents, ou un autre ? — P. Et les objets comme ceux-ci, Socrate, qui pourraient même sembler dérisoires, tels que le cheveu, la boue et la crasse, ou tout autre objet dépourvu de toute importance et de toute valeur, est-ce qu'ils font difficulté pour toi ? te demandes-tu s'il faut poser pour chacun une Forme séparée, elle-même distincte de ce que nous touchons de nos mains ? — S. Nullement ; dans leur cas, à ce que nous voyons, je reconnais l'existence, mais quant à penser qu'il en existe une Forme, ce serait par trop étrange. Parfois, je l'avoue, je me suis demandé s'il ne faudrait pas admettre des Formes pour toutes choses. Mais à peine me suis-je arrêté à ce parti, je m'en détourne en toute hâte, craignant d'aller me perdre en quelque abîme de niaiserie. Je me replie donc sur ces objets auxquels nous venons de reconnaître des Formes, et c'est d'eux que je m'occupe. — P. C'est que tu es jeune encore, Socrate et que la philosophie ne t'a pas encore saisi de l'emprise où elle te tiendra, je pense, quand tu ne mépriseras aucune de ces choses. Pour l'heure, tu as encore égard à l'opinion des hommes, c'est de ton âge.

Parménide, 130be

3. DIFFICULTÉS DE LA PARTICIPATION

[PARMÉNIDE-SOCRATE]

— P. Nouvelle question, Socrate : tu crois, me dis-tu, à l'existence de certaines Formes, dont les choses prennent les dénominations du fait qu'elles y participent ; ainsi la participation à la Similitude fait qu'elles sont semblables, à la Grandeur, qu'elles sont grandes, à la Beauté et à la Justice, qu'elles sont justes et belles ? — S. Parfaitement. — P. Mais est-ce au tout de la Forme ou seulement à une partie que chaque participant participe ? ou bien y aurait-il quelque autre mode de participation à part ces deux-là ? — S. Comment pourrait-il y en avoir un autre ? — P. Dans ces conditions, es-tu d'avis que le tout de la Forme, quand il réside en chacun des multiples, demeure un, ou quoi ? — S. Quel obstacle y a-t-il à ce qu'il demeure un ? — P. Ainsi c'est en demeurant un et identique qu'il résidera tout entier à la fois en des objets multiples et séparés les uns des autres et ainsi il sera lui-même séparé de lui-même ? — S. Non pas, si du moins il en va comme du jour qui, tout en demeurant un et identique est en plusieurs lieux à la fois présent, sans être pour cela séparé de lui-même, et si c'est de cette manière que nous posons chaque Forme une et identique en toutes choses à la fois. — P. Belle manière de rendre présent en plusieurs endroits à la fois ce qui demeure un et identique ! c'est comme si, couvrant d'un voile plusieurs personnes, tu disais : il est un sur plusieurs et y est tout entier. N'est-ce pas quelque chose comme ça que tu veux dire ? — S. Peut-être. — P. Est-ce donc tout entier sur chacun que sera le voile ? ou au contraire, une partie sur l'un, une partie sur l'autre ? — S. Une partie. — P. À ce compte, Socrate, les Formes elles-mêmes sont divisées ; c'est à une de leurs parties que participent les objets qui y participent et ce n'est plus le tout qui réside en chacun, mais il y a une partie pour chacun. — S. C'est bien ce qu'il semble. — P. Consentiras-tu à dire, Socrate, que l'unité de la Forme est véritablement divisée pour nous et n'en demeure pas moins unité ? — S. Absolument pas. — P. Considère en effet : si tu divises la Grandeur en soi, et si par conséquent c'est par une partie plus petite que la Grandeur en soi que chacun des multiples objets grands est grand, n'y aurait-il pas absurdité ? — S. Absolument. — P. Et encore : que chaque participant reçoive une partie de l'Égal, se pourra-t-il que par cette partie plus petite que l'Égal en soi, l'objet qui l'a reçue soit rendu égal à quoi que ce soit ? — S. Aucunement. — P. En outre, que l'un d'entre nous possède une partie de la Petitesse : comparée à cette partie, la Petitesse sera plus grande, puisque cette partie est une partie d'elle-même ; et ainsi la Petitesse en soi sera plus grande ; et pourtant ce à quoi on ajoutera la partie prélevée deviendra bien en fait plus petit et non plus grand qu'auparavant. — S. Cela ne saurait être. — P. De quelle manière donc, Socrate, concevras-tu cette participation aux Formes, si elle ne peut être participation ni à la partie, ni au tout ? — S. Par Zeus, il ne me paraît pas facile de se prononcer de quelque chose que ce soit sur une telle question.

Parménide, 130e-131e

4. LA RÉDUCTION DE LA FORME À LA PENSÉE ET L'ÉCUEIL DU PSYCHOLOGISME

[SOCRATE-PARMÉNIDE]

— S. À moins, Parménide, que chacune de ces Formes ne soit une pensée et que l'intérieur des âmes soit le seul lien de naissance qui lui convienne ; dans ces conditions en effet, chacune conserverait son unité et ne serait plus en butte aux difficultés dont nous venons de faire état. — P. Mais alors, chacune des pensées est une, mais n'est pensée de rien ? — S. C'est impossible. — P. Alors, pensée de quelque chose ? — S. Oui. — P. Qui est ou qui n'est pas ? — S. Qui est. — P. N'est-ce pas de quelque chose d'un que cette pensée pense comme recouvrant l'ensemble et constituant un caractère unique ? — S. Oui. — P. Dès lors, est-ce que ce ne sera pas une Forme ce qui est ainsi pensée comme étant un, et toujours le même sur toutes choses ? — S. Cela paraît aussi évident. — P. Mais alors, n'est-il pas nécessaire que l'affirmation de la participation des choses aux Formes t'impose d'adopter l'une de ces deux thèses : ou bien c'est de pensées que chaque chose est faite, et tout pense ; ou bien ce sont des pensées qui cependant ne pensent pas ? — S. C'est également dépourvu de fondement.

Parménide, 132bc

5. LES FORMES COMME MODÈLES OU PARADIGMES

[SOCRATE-PARMÉNIDE]

— S. À mes yeux, voici la meilleure solution : ces Formes subsistent dans la Nature à titre de paradigmes ; toutes les autres choses leur ressemblent et sont des copies, et leur participation aux Formes consiste uniquement en ce qu'elles sont faites à leur image. — P. Alors si une chose ressemble à la Forme, est-il possible que cette Forme ne soit pas semblable à la chose qui est faite à son image, dans la mesure où celle-ci en est la copie ? ou bien y a-t-il moyen que le semblable ne soit pas semblable à son semblable ? — S. Il n'y en a pas. — P. Et n'est-il pas tout à fait nécessaire que le semblable et son semblable participent à la même unité ? — S. Tout à fait. — P. Or ce par quoi les semblables sont semblables du fait qu'ils y participent, est-ce que ce n'est pas la Forme en soi ? — S. Si, absolument. — P. Il n'est donc pas possible qu'une chose soit semblable à une Forme, ni la Forme à une autre chose. Car autrement, à côté de la Forme il apparaîtra toujours une autre Forme, et si celle-ci est semblable à quelque chose, une autre encore et jamais il ne cessera d'apparaître indéfiniment une nouvelle Forme, si la Forme apparaît semblable à la chose qui participe d'elle. — S. C'est tout à fait vrai. — P. Donc ce n'est pas par ressemblance que les choses participent aux Formes, et il faut trouver autre chose que la participation.

Parménide, 132d-133a

6. LA FORME COMME PRINCIPE D'UNITÉ ET L'ARGUMENT DU TROISIÈME HOMME

[PARMÉNIDE-SOCRATE]

— P. Je pense que ce qui te conduit à poser en son unité, chaque Forme, c'est ceci : quand tu juges que plusieurs choses sont grandes, tu estimes sans doute qu'il y a pour qui étend le regard sur toutes un aspect un et identique, ce qui te fait penser que le Grand est un. — S. Tu dis vrai. — P. Mais si en même façon ton âme étend son regard sur le Grand en soi et les choses grandes, ne va-t-il pas se manifester une nouvelle unité du Grand, nécessaire pour que l'ensemble se manifeste comme grand ? — S. C'est vraisemblable. — P. C'est donc une nouvelle Forme de la Grandeur qui va apparaître, s'ajoutant au Grand en soi et aux choses qui y participent ; et aux éléments de cet ensemble s'ajoutera une nouvelle Forme leur permettant d'être Grands. Mais alors c'en est fini de l'unité que tu voulais accorder respectivement à chaque Forme : c'est à l'infini que chacune va se multiplier.

Parménide, 131e-132b

7. UNE COUPURE ABSURDE ENTRE DEUX MONDES

[PARMÉNIDE-SOCRATE]

— P. Si on veut avec toi poser à part une Forme unique correspondant à chacune des choses que l'on définit... la difficulté majeure est celle-ci : on pourrait prétendre qu'à les définir comme nous le faisons, les Formes ne se prêtent même pas à être connues, et pour démontrer à qui le prétendrait qu'il est dans l'erreur, il faudrait être non seulement un contradicteur riche d'expérience et bien doué de nature, mais au surplus décidé à suivre une démonstration fort longue et tirée de loin, faute de quoi celui qui réduirait les Formes à être inconnaissables serait convaincant. — S. Et pourquoi donc, Parménide ? — P. Parce que, Socrate, toi-même et quiconque comme toi posent une essence absolue et en soi de chaque chose, vous commenceriez par reconnaître qu'aucune de ces réalités n'est en nous. — S. En effet, comment pourrait-elle être encore absolue et en soi ? — P. Bien dit. Ainsi, toutes celles des Formes qui sont ce qu'elles sont par leurs relations mutuelles, c'est en relation avec des Formes qu'elles ont leur réalité, mais non pas en relation aux choses qui parmi nous leur correspondent, à titre de copies ou à un autre titre, celles dont nous prenons le nom par participation. Quant à ces choses qui parmi nous ont le même nom que les Formes, c'est, à leur tour, avec des choses qu'elles sont en relation et non pas avec les Formes, et c'est d'elles-mêmes et non pas des Formes que relèvent toutes ces choses qui portent le même nom. — S. Que veux-tu dire ? — P. Eh bien, par exemple, si l'un de nous est le maître ou l'esclave de quelqu'un, ce n'est certainement pas du Maître en soi, de l'essence-Maître qu'il est esclave, et ce n'est pas non plus de l'Esclave en soi, de l'essence-Esclave, qu'il est maître ; mais du fait qu'il est homme, c'est avec un homme que ces deux relations s'établissent. Quant à la Maîtrise-en-soi, c'est par rapport à l'Esclavage-en-soi qu'elle est ce qu'elle est, et de même l'Esclavage-en-soi est esclavage de la Maîtrise en-soi. Mais les réalités qui sont nôtres n'ont pas d'action sur les réalités que sont les Formes, par plus que celles-ci n'en ont sur les nôtres, mais je dis qu'elles relèvent d'elles-mêmes et qu'elles ont rapport entre elles, et pareillement que nos réalités ont rapport entre elles. Ne comprends-tu pas ce que je veux dire ? — S. Je comprends parfaitement. — P. Donc la Science en soi, l'essence-Science, c'est de la Vérité en-soi, de l'essence Vérité qu'elle sera science ? — S. Parfaitement. — P. Chacune des sciences, par conséquent, dans son essence, c'est respectivement de chaque Réalité dans son essence qu'elle sera science, n'est-ce pas ? — S. Oui. — P. Quant à la science qui est la nôtre n'est-ce pas à la vérité qui est la nôtre qu'elle va se rapporter ? et par suite chacune de nos sciences, n'est-ce pas de chacune de nos réalités qu'elle va être science ? — S. Nécessairement. — P. Or les Formes en elles-mêmes, tu le reconnais, elles ne sont pas en nous, elles ne peuvent être parmi nous ? — S. En effet. — P. Les Genres en soi, dans leur essence respective, c'est par une Forme en soi, la Forme de la Science qu'ils sont connus ? — S. Oui. — P. Or cette Forme de la Science, nous ne l'avons pas. — S. Non, en effet. — P. Donc, nous du moins, nous ne connaissons aucune des Formes, puisque nous n'avons pas part à la Science en soi. — S. Il semble que non. — P. Donc le Beau en soi essentiel, et le Bien et tout ce que nous concevons comme étant Forme en soi, tout cela nous est inconnaissable. — S. Il y a des chances.

— P. Mais voici plus grave encore. S'il y a un genre

en soi de la science, il comporte, tu en conviendras, beaucoup plus d'exactitude que la science qui est nôtre, et ainsi de la Beauté et de tout le reste. — S. Oui. — P. Donc, si tant est qu'un autre être ait part à la Science en soi, c'est à Dieu plus qu'à tout autre que tu attribuerais la science la plus exacte ? — S. Nécessairement. — P. Eh bien, ce Dieu qui possède la Science en soi sera-t-il capable de connaître nos réalités ? — S. Pourquoi pas ? — P. Parce que nous sommes convenus, Socrate, que ni les Formes transcendantes n'ont d'action sur nos réalités, ni nos réalités sur les Formes, et qu'elles n'ont d'action qu'entre elles. — S. En effet, nous en sommes tombés d'accord. — P. Dès lors, si c'est chez Dieu qu'il y a la Maîtrise la plus parfaite et la Science la plus parfaite, ni sa Maîtrise ne sera maîtrise sur nous, ni sa Science ne nous connaîtra, pas plus nous que nos réalités ; mais de même que nous ne commandons pas aux Dieux par le commandement dont nous disposons ni ne connaissons rien du divin par notre science, de même, et par la même raison, les dieux ne sont pas nos maîtres et ils ne connaissent pas les affaires humaines, tout dieux qu'ils sont. — S. Mais s'il en vient à dénier le savoir à Dieu, le raisonnement n'est-il pas par trop surprenant ?

Parménide, 133a-134e

8. D'UN RÉALISME DE L'INTELLIGIBLE QUI REND TOUTE CONNAISSANCE ININTELLIGIBLE

[L'ÉTRANGER-THÉÉTÈTE]

— É. Adressons-nous donc aux amis des Idées, et toi, continue à être interprète. — T. Je m'y engage. — É. Le devenir, d'une part, et la réalité, d'autre part, vous les distinguez et les séparez, n'est-ce pas ? — T.

En effet. — É. D'une part, c'est au moyen du corps, dites-vous, et par l'entremise de la sensation que nous communiquons avec le devenir ; d'autre part, c'est par l'entremise du raisonnement et au moyen de l'âme que nous entrons en relation avec la réalité véritable ; de cette dernière, vous dites qu'elle est toujours identiquement immuable, alors que le devenir varie à chaque instant. — T. C'est en effet ce que nous soutenons. — É. Mais cette communication, excellentes gens, quel sens dirons-nous que vous lui donnez dans ces deux cas ? Celui que nous indiquions à l'instant ? — T. Lequel ? — É. Passion ou action résultant d'une puissance surgie de leur mutuelle rencontre. Mais il se peut, Théétète, que leur réponse sur ce point t'échappe alors qu'elle m'est familière. — T. Et quelle est-elle donc ? — É. Ils ne reconnaissent pas ce que nous disions tout à l'heure aux Fils de la Terre au sujet de la réalité. — T. Mais encore ? — É. Était-ce une définition à peu près suffisante des êtres que celle-ci : ce en quoi réside une puissance de subir ou d'agir si peu que ce soit ? — T. Oui. — É. Or voici ce qu'ils rétorquent : le devenir participe bien de la puissance d'agir et de subir, mais à la réalité, ni l'une ni l'autre de ces puissances ne convient selon eux. — T. Mais disent-ils là quelque chose qui vaille ? — É. Quelque chose au moins qui mérite que nous leur demandions de bien vouloir nous préciser, s'ils accordent que l'âme connaît et que la réalité est connue. — T. Cela au moins ils l'accordent. — É. Mais alors, connaître ou être connu, est-ce, selon vous, action ? passion ? l'un et l'autre ? ou bien est-ce l'un passion, l'autre action ? Ou encore ni l'un ni l'autre n'a-t-il ni avec l'un ni avec l'autre aucun rapport ? — T. Il est évident qu'ils devront répondre : ni l'un ni l'autre n'ont rapport ni avec l'un ni avec l'autre, sous peine de contredire leurs affirmations précédentes. — É. J'entends bien, mais il leur faut du moins convenir que si connaître c'est agir, il en résulte nécessairement que, dans la connaissance, l'objet pâtit. Donc, par même raison la réalité en tant que connue par l'acte de connaissance, sera mue dans la mesure même où elle est connue par le fait même de pâtir, dont nous soutenons qu'il n'y a point lieu en ce qui est au repos. — T. C'est juste. — É. Mais par Zeus, nous laisserons-nous si aisément persuader que, le mouvement, la vie, l'âme, la pensée n'ont pas de place dans l'être absolu, qu'il ne vit ni ne pense, et que, solennel et sacré, dépourvu de raison il reste figé dans son immobilité ? — T. Ce serait là, Étranger, concéder une thèse redoutable.

Sophiste, 248a-249a

9. ADMETTRE LES FORMES EST AUSSI DIFFICILE QU'INDISPENSABLE

[PARMÉNIDE-SOCRATE]

— P. Telles sont les difficultés, sans compter bien d'autres encore, qui s'attachent nécessairement aux Formes, s'il existe de telles Formes des êtres et si on définit chaque Forme comme réalité absolue. D'où l'embarras de l'auditeur et sa contestation leur déniant l'existence, et affirmant que lors même qu'elles seraient, de toute nécessité elles seraient inaccessibles à la nature humaine ; il semble dire vrai et c'est étonnant comme il est difficile à dissuader. Seul un homme très bien doué serait capable de comprendre qu'il y a pour chaque chose un genre déterminé et une essence en soi, plus extraordinaire encore celui qui l'inventerait et serait capable de l'enseigner à autrui après avoir soumis tout cela à un examen suffisant. — S. Je te l'accorde, Parménide, car c'est tout à fait ce que je pense. — P. Mais si au contraire on n'accorde pas l'existence aux Formes des êtres, parce qu'on a pris en considération les difficultés que nous venons d'exposer et d'autres du même genre, et si on ne définit pas une Forme de chaque réalité individuelle, on ne saura plus où tourner la pensée, faute d'accorder l'existence d'une Forme toujours identique à elle-même de chacun des êtres, et ainsi c'est le pouvoir dialectique lui-même qu'on détruit entièrement. Je crois que c'est de cela surtout que tu t'es aperçu. — S. Tu as raison. — P. Alors que vas-tu faire en philosophie ? dans l'ignorance de tout cela, où te tourner ? — S. Je crois que je ne vois pas du tout, du moins pour le moment.

Parménide, 135ad

F. LA SCIENCE DIALECTIQUE

1. EN QUOI LA DIALECTIQUE EST SCIENCE SUPRÊME

[SOCRATE-PROTARQUE]

— S. La faculté dialectique nous renierait, Protarque, si nous donnions à quelque autre le pas sur elle. — P. Mais alors, que faut-il dire qu'elle est ? — S. N'importe qui reconnaîtrait celle dont je parle, car je crois que tous les gens tant soit peu raisonnables estiment que la connaissance de l'être, de ce qui est réellement, de ce qui, par nature, demeure toujours identique à soi-même est de loin la connaissance la plus vraie. Et toi, Protarque, comment en jugerais-tu ? — P. Quant à moi, Socrate, j'ai entendu Gorgias répéter en toute occasion que l'art de persuader surpasse de beaucoup tous les autres, car il fait de tout son esclave de plein gré, non par force, et c'est, de loin, le plus éminent de tous les arts. Mais pour l'heure, je souhaiterais ne « m'opposer » ni à toi ni à lui. — S. Je crois que tu voulais dire : « prendre les armes », mais un mouvement de honte t'a conduit à les déposer. — P. Prends-le comme tu veux. — S. Est-ce ma faute si tu n'as pas bien compris ? — P. Qu'est-ce que je n'ai pas bien compris ? — S. L'objet de mon enquête n'était pas encore de trouver quelle technique ou quelle science surpasse toutes les autres par l'importance, l'excellence et le nombre des avantages qu'elle nous procure, mais celle qui examine ce qui est clair, exact et suprêmement vrai, tel est l'objet de notre présente enquête. Alors regarde : Gorgias n'aura pas lieu de s'offenser si, accordant à son art la souveraineté au point de vue de l'utilité que les hommes y trouvent, et passant alors à la discipline dont il est maintenant question, exactement comme je disais tantôt du blanc : s'il y en a peu, pourvu qu'il soit pur, il est supérieur à une grande quantité de blanc impur, du fait même qu'il est vraiment blanc au plus haut point, voici qu'à présent, au terme d'une profonde réflexion et d'une mûre considération, où nous n'avons pas eu égard aux avantages non plus qu'aux réputations qui s'attachent aux disciplines scientifiques, mais bien à la seule faculté dont nos âmes sont naturellement douées d'aimer le vrai et de tout faire en vue du vrai, nous nous proposons maintenant de dire, tout compte fait, si nous soutiendrons que cette science dialectique détient au plus haut degré la pureté de la raison théorique et pratique, ou s'il nous faut nous mettre en quête d'une science plus souveraine qu'elle. — P. Eh bien, l'examen me conduit à penser qu'il serait difficile de convenir qu'une autre science ou technique s'attache davantage que celle-là à la vérité. — S. Ta réponse n'a-t-elle pas été dictée par la réflexion que voici : la plupart des techniques scientifiques et tous ceux qui travaillent en ces domaines, d'abord mettent en œuvre des opinions et font obstinément porter leur enquête sur les objets d'opinion : prétend-on faire porter la recherche sur la nature ? tu sais bien qu'il s'agit des choses de ce monde-ci, comment sont-elles venues à être, en quoi subissent-elles, en quoi agissent-elles, voilà ce qu'on passe sa vie à étudier. Vrai ou non ? — P. C'est vrai. — S. Ainsi ce n'est pas de ce qui a l'existence éternelle, mais bien de ce qui devient, de ce qui deviendra, de ce qui est devenu que notre homme se met en peine ? — P. Rien de plus vrai. — S. Or que pourrions-nous attendre de clair en stricte vérité, de choses qui n'ont jamais été dans le même état, qui ne le seront jamais et qui ne le sont pas actuellement ? — P. En effet. — S. Des choses qui ne sont à aucun degré assurées, comment pourrait-il nous advenir la moindre assurance ? — P. Je crois que c'est impossible. — S. Donc il n'est aucune raison ni aucune science qui possède à leur sujet l'entière vérité ? — P. Il est probable que non. — S. Il faut donc nous mettre hors jeu toi, moi, Gorgias et Philèbe, pour laisser le raisonnement élever la protestation que voici. — P. Laquelle ? — S. Pour nous il ne peut rien y avoir de sûr, de pur et sans mélange comme nous disons, que dans les choses qui demeurent toujours dans le même état d'identité à soi-même, en même façon sans mélange, ou dans celles qui leur sont le plus étroitement apparentées ; tout le reste il faut le dire de second rang et venant après. — P. C'est tout à fait vrai. — S. Quant aux noms qui leur conviennent, n'est-ce pas de stricte justice de réserver les plus beaux aux objets les plus beaux ? — P. Naturellement. — S. En serait-il qui soient mis plus haut que ceux de raison théorique et pratique ? — P. Aucun.

Philèbe, 57e-59d

2. LA DIALECTIQUE DE L'AMOUR, ASCENSION AU BEAU EN SOI

[DIOTIME]

Il faut que celui qui suit la bonne voie menant à la révélation complète commence dès son jeune âge par aller vers la beauté corporelle ; qu'il aime d'abord un seul corps, si son guide l'oriente bien, et produise alors de beaux discours ; qu'il conçoive ensuite que la beauté d'un corps quelconque est sœur de la beauté d'un autre corps, et, s'il faut poursuivre la beauté qui réside dans l'Idée, qu'il serait très déraisonnable de ne pas estimer que la beauté de tous les corps est une et identique ; qui a compris cela doit devenir amoureux de tous les beaux corps, et relâcher cet amour excessif d'un seul objet, après en être venu à le dédaigner comme ayant peu de prix. Après quoi, c'est la beauté des âmes qu'il doit juger plus précieux que celle du corps, au point que s'il arrive que la beauté qui convient à l'âme se trouve dans un corps peu attrayant, elle suffit à provoquer son amour et ses soins, à donner le jour à de beaux discours, et à en chercher de propres à rendre la jeunesse meilleure ; du coup il se voit contraint de contempler celle qui réside dans les conduites et les institutions, et le seul fait de voir qu'elle forme un tout, uni par une communauté de nature, suffit à dévaluer dans son esprit la beauté corporelle. Après les conduites, c'est aux sciences qu'il lui faut accéder pour en voir la beauté ; regardant désormais le domaine étendu du beau, il cessera d'être, tel un serviteur, l'esclave médiocre et mesquin de la beauté d'un seul objet, adolescent, homme ou conduite ; tourné vers le vaste océan du beau, il donnera le jour à des discours nombreux, beaux et sublimes et à des pensées inspirées par un amour sans bornes de la sagesse, jusqu'au moment où il aura pris assez de forces pour apercevoir une science unique, celle du beau, dont je vais te parler. Efforce-toi d'y appliquer au mieux ton attention.

Celui qui aura été éduqué à ce point dans le domaine de l'amour dans une contemplation bien ordonnée des belles choses, accédant alors au terme des choses de l'amour, apercevra soudain une beauté d'une nature merveilleuse, celle qui précisément était le but de tous les efforts précédents ; d'abord elle est éternelle, elle ne connaît ni la naissance ni la mort, ni accroissement ni diminution ; ensuite elle n'est pas belle pour une part, laide pour une autre, non plus que tantôt belle, tantôt non, belle ici, laide ailleurs, belle pour ceux-ci, laide pour ceux-là ; beauté qui ne se manifestera pas à lui sous forme de visage, de mains, ou de rien qui participe au corps, non plus que sous forme de discours ou de science, ni dans quelque autre être, comme un vivant terrestre ou céleste, mais bien en elle-même et par elle-même, coexistant toujours avec elle-même dans l'unicité d'une forme, alors que toutes les autres choses qui sont belles participent de cette beauté, en telle manière que leur naissance ou leur mort ne lui apportent ni augmentation ni diminution et ne l'affectent en rien. Lors donc qu'aimer comme il faut les jeunes gens a permis de s'élever en partant des choses sensibles et que l'on commence à apercevoir le beau en lui-même, on est bien près de toucher au but. Car voilà bien la bonne manière d'accéder au domaine de l'amour ou d'y être conduit par autrui : partir de belles choses sensibles en ayant en vue cette beauté intelligible, monter continûment en se servant pour ainsi dire d'échelons, passant d'un seul beau corps à deux, puis à tous, passant des beaux corps aux belles conduites, ensuite des belles conduites aux belles sciences, pour aboutir finalement à partir de ces sciences, à cette science qui n'est autre que celle du beau intelligible, pour connaître enfin le beau tel qu'il est en soi.

Banquet, 210a-211d

3. DIALECTIQUE, RÉMINISCENCE ET AMOUR

[SOCRATE]

Il faut que l'homme comprenne ce qu'on appelle : Forme, allant de sensations multiples à l'unité rassemblée par raisonnement. Or c'est là la réminiscence de ce que notre âme vit jadis, quand elle cheminait en compagnie d'un dieu, survolant ce que présentement nous appelons réalité, la tête levée vers ce qui est vraiment réel. Voilà bien pourquoi il est juste que seule la pensée du philosophe soit ailée, car ce à quoi elle ne cesse d'appliquer tant qu'elle peut sa remémoration, c'est cela même qui fait que le dieu est divin. Et l'homme qui recourt correctement à de telles remémorations, initié à des mystères toujours parfaits, est seul à devenir vraiment parfait. Détaché des objets du zèle humain et se consacrant au divin, la foule lui remontre qu'il est dérangé et la foule ne voit pas qu'il est inspiré. Voilà où voulait en venir tout ce qu'on vient de dire de la quatrième forme du délire, celui qui s'empare de l'homme qui, à se remémorer la beauté vraie en voyant d'ici-bas, y gagne des ailes ; impatient de s'envoler, mais incapable d'y parvenir, tel un oiseau fixant le ciel sans se soucier des choses d'ici-bas, on l'accuse d'être en proie au délire. En vérité, c'est de tous les enthousiasmes le meilleur dans sa nature et dans ses origines, tant pour celui qui en est possédé que pour celui qui y prend part et on qualifie d'amoureux celui qui s'éprend de la beauté en participant à ce délire. Pour qu'elle puisse s'incarner dans un tel vivant, il faut, en fonction de ce que je viens de dire, que toute âme d'homme ait, par nature, contemplé les réalités. Mais il n'est pas à la portée de n'importe laquelle de trouver dans les choses d'ici-bas l'occasion de se les remémorer : certaines n'ont fait qu'entrevoir ces réalités supérieures, d'autres, après leur chute ici-bas, ont eu le malheur de se laisser entraîner à l'injustice par certaines fréquentations, et du coup, elles ont oublié les choses sacrées qu'elles avaient vues ; aussi sont-elles peu nombreuses celles qui ont conservé un pouvoir suffisant de se souvenir. Ces dernières, dès qu'elles voient quelque chose qui ressemble aux réalités de là-bas, sont ravies et ne se possèdent plus. Mais elles ignorent ce qui leur arrive, faute d'en avoir une perception suffisamment distincte. Il n'est pas douteux que justice, tempérance et tout ce qui, du reste, a du prix pour les âmes, manquent d'éclat dans les imitations qu'on en trouve ici-bas ; à raison du manque de finesse de nos organes rares sont ceux qui, à grand peine, parviennent à déchiffrer sur les images de ces vertus, le genre de ce dont elles sont l'image... La beauté, nous l'avons dit, resplendissait parmi ces réalités, et lorsque nous sommes venus ici-bas, c'est encore elle que nous avons le plus clairement perçue grâce à la plus claire de nos sensations. Car la vision est la sensation la plus aiguë de toutes celles que le corps nous procure ; pourtant elle ne fait pas percevoir la pensée. Si cette pensée, ainsi que toutes les autres réalités supérieures qui sont dignes d'être aimées, procurait à la vision une image d'elle-même aussi claire que celle-là, ce sont d'incroyables amours qu'elle inspirerait. En fait seule la beauté jouit du privilège du plus haut degré d'éclat et de séduction.

Phèdre, 249b-250d

4. MATHÉMATIQUE ET DIALECTIQUE

[SOCRATE-GLAUCON]

— S. Tu sais, je pense, que les gens qui s'occupent de géométrie, de calcul et autres choses du même genre, prennent pour point de départ le pair et l'impair, les figures, trois espèces d'angles et autres choses de même famille, selon chaque discipline ; ils les traitent comme des choses connues, s'en servent comme de principes, et ils estiment qu'étant claires pour tout le monde, ils n'ont plus à en rendre raison ni à eux-mêmes, ni à autrui ; ils en partent et procèdent dès lors par voie de conséquences pour parvenir finalement à ce dont ils ont fait le but de leur examen. — G. Oui, je sais cela. — S. Tu sais également qu'ils se servent de figures visibles sur lesquelles ils raisonnent, bien que ce ne soit pas elles qu'ils ont en tête, mais bien les originaux auxquels elles ressemblent ; c'est le carré en lui-même, la diagonale en elle-même que visent leurs raisonnements, et non la diagonale qu'ils tracent ; les figures qu'ils construisent et dessinent, qui portent des ombres et se reflètent dans les eaux, ils leur confèrent à leur tour le rôle d'images, cherchant à voir ces réalités elles-mêmes que seule la pensée peut voir. — G. Tu dis vrai. — S. Telle est la première espèce de l'intelligible dont je parlais : en faisant porter sur elle sa recherche, l'âme est contrainte de faire usage d'hypothèses ; elle ne peut aller au principe, parce qu'elle ne peut s'élever au-dessus des hypothèses et elle traite comme images les objets qui ont eux-mêmes leurs images dans la section inférieure et qui, par comparaison avec ces dernières, se sont vu assigner le rang de réalités évidentes. — G. Je comprends que tu veux parler de la géométrie et des sciences de la même famille. — S. Comprends maintenant ce que j'entends par la deuxième section de l'intelligible. Il s'agit de ce que saisit le seul raisonnement par la faculté dialectique ; il ne transforme pas les hypothèses en principes, il les tient pour ce que sont en réalité des hypothèses : autant de degrés et de points d'appui permettant de se diriger vers le principe universel pour atteindre l'anhypothétique ; ce principe une fois saisi, le raisonnement prend la direction inverse : il descend en s'attachant aux conséquences qui se rattachent à ce principe, jusqu'à ce qu'il parvienne à destination, sans jamais recourir à rien qui soit sensible ; c'est aux seules Idées qu'il recourt, il passe de l'une à l'autre, et c'est à des Idées qu'il aboutit finalement. — G. Je comprends ; pas entièrement, car c'est une tâche énorme que tu me parais définir, mais je comprends pourtant que ton intention est de préciser que la spéculation que la science dialectique fait porter sur l'être et l'intelligible apporte plus de lumière que ce que l'on appelle les sciences, qui traitent les hypothèses comme des principes. Il est vrai que ceux qui pratiquent ces sciences sont contraints de voir les choses elles-mêmes non par les sens, mais par la pensée, mais parce qu'ils les examinent à partir d'hypothèses sans remonter au principe, ils ne te paraissent pas en avoir l'intelligence, bien qu'elles soient intelligibles quand elles sont rattachées à leur principe.

République VI, 510c-511d

5. SEULE LA DIALECTIQUE EST SCIENCE VÉRITABLE

[GLAUCON-SOCRATE]

— G. Dis-nous donc quel est le genre de la faculté dialectique, selon quelles espèces elle se divise et enfin quelles sont ses voies, car ce sont ces voies, semble-t-il, qui devraient nous conduire au point que nous pouvons considérer comme le terme et le but de notre voyage. — S. Mon cher Glaucon, tu ne serais plus capable de suivre, si entier demeure mon propre zèle, et ce n'est plus l'image de ce dont nous parlons que tu verrais, mais sa vérité même, du moins telle qu'elle m'apparaît. Quant à savoir si elle est réellement telle ou non, il ne vaut pas la peine d'en débattre présentement ; mais qu'il y ait quelque chose de tel à voir, il faut le soutenir fermement, n'est-ce pas ? — G. Sans aucun doute. — S. Ne faut-il pas soutenir également que seule la faculté dialectique le dévoilerait à celui qui a pratiqué les disciplines que nous venons de recenser et que c'est impossible autrement ? — G. Il faut soutenir cela également. — S. Voici du moins ce que nul ne contestera : aucune autre méthode n'entreprend de saisir systématiquement l'essence de chaque chose. Tandis que toutes les autres techniques ou bien ont rapport aux opinions et aux désirs des hommes, ou bien se sont toutes constituées soit pour produire et fabriquer, soit pour entretenir les produits naturels et artificiels, il reste celles dont nous avons dit qu'elles saisissent quelque chose de l'être, la géométrie et les techniques qui s'y rattachent : il est visible qu'elles rêvent de l'être et sont incapables de le voir éveillées, tant qu'elles laissent intactes les hypothèses dont elles usent, sans pouvoir en rendre raison. Car si, d'une part, le principe n'est pas connu et si, d'autre part, la conclusion et les médiations sont déduites de ce que l'on ne connaît pas, le moyen de jamais faire d'une cohérence de ce genre une science ? — G. Il n'en est aucun. — S. Ainsi seule la méthode dialectique suit la voie qui mène par le rejet des hypothèses au principe lui-même pour atteindre la certitude, et l'œil de l'âme qui a vraiment été enfoui dans un grossier bourbier, elle l'entraîne doucement et le conduit vers le haut, faisant des techniques que nous avons recensées les auxiliaires de cette conversion. À plusieurs reprises, cédant à l'usage, nous avons appelé celles-ci des sciences, mais elles exigent une autre dénomination marquant plus de clarté que ne fait celle d'opinion, plus d'obscurité que ne fait celle de science ; il nous est précédemment arrivé de qualifier cette pensée de discursive, mais il me semble que ce n'est pas le moment de disputer des noms quand de si graves questions attendent notre examen. — G. En effet. — S. Il suffit donc, comme nous l'avons déjà fait, d'appeler : science la première section, pensée discursive la seconde, croyance la troisième, imagination la quatrième ; opinion, l'ensemble des deux dernières, intellection, l'ensemble des deux premières ; celles-là portent sur le devenir, celles-ci sur l'être ; ce que l'être est au devenir, l'intellection l'est à l'opinion ; ce que l'intellection est à l'opinion, la science l'est à la croyance et la pensée discursive l'est à l'imagination ; quant aux objets sur lesquels portent l'analogie et la dichotomie de chaque section : l'opinable et l'intelligible, laissons-les de côté pour ne pas nous embarrasser de rapports qui multiplient les précédents. — G. Pour autant que je suis capable de te suivre, je suis d'accord avec toi. — S. Es-tu également d'accord d'appeler dialecticien celui qui saisit la raison de chaque existence, et de dire que quelqu'un a d'autant moins l'intelligence d'une chose qu'il est incapable d'en rendre raison à lui-même et à autrui ? — G.

Comment n'en conviendrais-je pas ? — S. Il en va de même du Bien : si quelqu'un n'est pas capable de définir rationnellement l'Idée du Bien en la distinguant de toutes les autres, si, tout à fait comme à la guerre, affrontant tour à tour tous les arguments et s'appliquant à fonder ses preuves non sur ce qui paraît, mais sur ce qui est, il ne parvient pas à chaque fois à se frayer son chemin grâce à la raison infaillible, de quelqu'un qui se comporte ainsi, tu ne diras pas qu'il connaît ni le Bien en soi, ni aucun autre bien ; bien plutôt tu diras que s'il en saisit quelque simulacre, c'est par l'opinion et non par la science, et que, passant sa présente vie à dormir et à rêver, avant de s'éveiller ici-bas, son départ pour l'Hadès l'a définitivement endormi.

République VII, 532e-534d

6. L'INCOMPATIBILITÉ DES FORMES CONTRAIRES LE RÉCIT DE PHÉDON

[SOCRATE-CÉBÈS]

Dès que l'accord fut fait, d'une part sur le fait que chacune des Formes existe, d'autre part sur le fait que c'est en participant à ces Formes que tout ce qui n'est pas elles en prend le nom, Socrate demanda : s'il en est bien ainsi, lorsque tu affirmes que Simmias est plus grand que Socrate et plus petit que Phédon, ne dis-tu pas qu'il y a en ce cas en Simmias à la fois grandeur et petitesse ? — C. Si. — S. Dès lors tu reconnais que la formule : Simmias dépasse Socrate, ne correspond pas à la réalité, car assurément ce n'est pas à la nature de Simmias qu'il appartient de dépasser Socrate : ce n'est pas du fait qu'il est Simmias mais du fait qu'il se trouve avoir une certaine grandeur qu'il le dépasse ; et ce n'est pas non plus parce que Socrate est Socrate, mais parce que celui-ci possède de la petitesse à côté de la grandeur de Simmias. — C. C'est vrai. — S. À son tour, s'il est dépassé par Phédon, ce n'est pas parce que Phédon est Phédon, mais parce que Phédon possède de la grandeur à côté de la petitesse de Simmias. — C. C'est cela. — S. Voici donc comment Simmias a la dénomination « être grand et être petit », lui qui est au milieu entre les deux : en soumettant sa petitesse à la grandeur de l'un pour qu'elle la dépasse, et présentant sa propre grandeur à l'autre pour qu'elle en dépasse la petitesse. [...] Pour moi une chose est claire : ce n'est pas seulement la Grandeur elle-même qui ne consent jamais à être grande et petite à la fois, mais c'est aussi la grandeur en nous qui ne reçoit jamais la petitesse et n'admet jamais d'être dépassée ; mais c'est de deux choses l'une : ou bien elle bat en retraite et cède le terrain quand la petitesse, son contraire, l'attaque, ou bien cette offensive l'extermine ; ce à quoi elle ne peut consentir, c'est de tolérer et d'admettre la petitesse et d'être ainsi autre que ce qu'elle est. Ainsi moi, j'ai reçu et accepté la petitesse et je suis petit sans cesser d'être ce que je suis, alors que la Forme qui est grande ne supporte pas d'être petite. De la même façon, la petitesse, celle qui est en nous, ne supporte jamais de devenir et d'être grande, et aucun autre des contraires, tant qu'il est encore ce qu'il était, ne peut en même temps devenir et être son propre contraire ; s'il en subit l'assaut, ou bien il cède la place, ou bien il est anéanti. — Pour moi, c'est parfaitement clair, dit Cébès. Mais l'un de ceux qui étaient là, je ne me souviens pas bien lequel, déclara : Pardieu, n'étions-nous pas convenus du contraire de ce que nous venons de dire ? nous convenions que c'est du plus petit que provient le plus grand et du plus grand le plus petit, et que précisément la génération elle-même consistait pour les contraires à provenir des contraires. Or, il me semble que l'on vient de dire que cela n'arrive jamais. — Et Socrate se tournant vers lui : Bravo, de nous l'avoir rappelé ; cependant tu n'as pas réfléchi à la différence qui sépare ce que nous venons de dire et ce que nous disions auparavant. Car à ce moment-là, nous disions : de la *chose* contraire naît la *chose* contraire ; nous disons maintenant que le *contraire lui-même* ne saurait jamais devenir son propre contraire, que ce soit le contraire en nous ou le contraire en la réalité de sa nature. Car auparavant, mon cher, nous parlions des *choses* qui ont les contraires, en les appelant du nom de ces contraires, tandis que maintenant nous parlons des *contraires eux-mêmes*, d'où tirent leurs noms les choses qui les ont en elles ; et c'est de ces contraires que nous disons qu'ils ne consentiraient jamais à recevoir leur génération les uns des autres.

Phédon, 102a-103c

7. LES ATTRIBUTS ESSENTIELS, RELATIONS ENTRE LES FORMES

[SOCRATE-CÉBÈS]

— S. Sommes-nous convenus sans réserve que jamais le contraire ne sera son propre contraire ? — C. Absolument. — S. Veux-tu encore examiner si tu conviendras de ce qui suit : il y a quelque chose que tu nommes : « chaud » et « froid » ? — C. Oui. — S. Est-ce ce que tu nommes : « feu » et « neige » ? — C. Pardieu, non. — S. Ainsi le chaud est autre chose que le feu, et le froid autre chose que la neige ? — C. Oui. — S. Je pense que tu entends par là que jamais la neige réelle ne sera plus, après avoir accueilli le chaud, exactement ce qu'elle était : neige *et* chaud, mais qu'à l'approche du chaud, ou bien elle lui cédera la place ou bien elle cessera d'être. — C. Exactement. — S. À son tour le feu quand le froid l'approche, ou il se dérobe ou il cesse d'être sans se résoudre, après avoir reçu la froidure, à être encore ce qu'il était : feu et froid. — C. C'est vrai. — S. Il est donc possible en certains cas de ce genre que ce ne soit pas seulement la forme elle-même qui mérite à jamais le nom qu'elle porte, mais encore quelque chose d'autre qui, sans être cette forme, en possède le caractère tant qu'elle existe. Et voici encore d'autres exemples où ce que je veux dire sera peut-être plus clair : « l'impair » doit toujours conserver le nom que je viens de dire, n'est-ce pas ? — C. Bien sûr. — S. Je demande s'il est la seule chose à l'avoir ou bien s'il y en a encore quelque autre, qui, sans être l'impair, doit néanmoins toujours recevoir le nom d'impair aussi bien que son propre nom, sa nature étant telle que jamais l'impair ne peut lui faire défaut. Je prétends que c'est le cas du « trois » et de bien d'autres nombres. Arrête-toi au cas du trois : n'es-tu pas d'avis qu'il faut toujours lui donner son nom ainsi que celui d'impair, bien que l'impair ne soit pas identique au trois ; ainsi du trois et du cinq et de la moitié de la numération : sans être identique à l'impair, chacun de ces nombres est toujours impair. De son côté, le deux, le quatre et toute autre série numérique, sans être identique au pair, chacun de ces nombres est toujours pair. En conviens-tu ? — C. Comment n'en conviendrais-je pas ?

— S. Et maintenant, fais bien attention à ce que je veux mettre en évidence. À savoir : il n'y a pas que les premiers contraires dont nous parlions qui ne se reçoivent pas les uns les autres ; il y a également tout ce qui, sans être mutuellement contraire, possède toujours ces contraires et qui, semble-t-il, ne tolère pas non plus de qualité qui soit contraire à celle qu'il comporte : à l'approche d'une telle qualité, ou bien il périt, ou bien il cède la place. Ne dirons-nous pas que le Trois subira n'importe quel sort, y compris la mort avant de tolérer, alors qu'il est encore Trois, de devenir pair ? — C. Certainement. — S. Et pourtant, entre la dyade et la triade il n'y a pas de contrariété ? Donc ce ne sont pas seulement les Formes entre lesquelles il y a contrariété qui ne tolèrent pas d'approche mutuelle ; il y en a d'autres également qui ne tolèrent pas l'approche des contraires. — C. C'est très vrai. — S. Veux-tu que, si nous en sommes capables, nous déterminions quelles elles sont ? — S. Ne faut-il pas que ce soit celles qui forcent l'objet qu'elles viennent à occuper à avoir non seulement le caractère qui leur est propre, mais également celui d'un contraire ayant toujours un contraire. — C. Comment l'entends-tu ? — S. Comme nous l'avons dit tout à l'heure. Tu n'ignores pas que tout ce qu'investit le caractère du Trois, doit non seulement être trois, mais également impair. — C. Certainement. — S. À un tel objet, disons-nous, jamais n'adviendra le caractère contraire à la forme qui l'a rendu tel. — C. Non. — S. Or c'était la forme de l'impair ? — C. Oui. — S. Dont le contraire est celle du pair ? — C. Oui. — S. Donc jamais le caractère du pair n'adviendra au trois ? — C. Jamais. — S. Ainsi le trois n'a pas le pair comme attribut. — C. Non. — S. Donc la triade est non-pair. Voilà ce que j'appelais déterminer quelles formes ne tolèrent pas une forme qui, cependant, n'est pas leur contraire, ainsi la Triade, qui n'est pas le contraire du pair, ne le tolère cependant pas, du fait qu'elle apporte toujours avec elle ce qui est le contraire du pair, tout comme la dyade apporte toujours le contraire de l'impair, le feu, le contraire du froid, etc. Vois donc si tu acceptes la détermination que voici : ce n'est pas seulement le contraire qui n'accueille pas le contraire, mais également la forme qui apporte avec elle un contraire dans l'objet qu'elle investit ; jamais la forme qui apporte ne reçoit en elle la contrariété de ce qu'elle apporte. Récapitule, car il est bon de répéter, le cinq ne recevra jamais en lui le caractère du pair, ni le dix, qui en est le double, celui de l'impair. Ainsi le double, qui en lui-même est de son côté le contraire d'autre chose, ne recevra cependant jamais en lui le caractère de l'impair. De même la fraction 3/2 et les autres membres de la série des moitiés n'accepteront pas le caractère de l'entier, et c'est également vrai de 1/3 et de tous les nombres de cette série. J'espère que tu me suis et que tu es d'accord. — C. Parfaitement.

Phédon, 103c-105b

8. LA SCIENCE PHILOSOPHIQUE : LA DIALECTIQUE COMME COMBINATOIRE DES GENRES. LE DIALECTICIEN C'EST LE PHILOSOPHE

[L'ÉTRANGER-THÉÉTÈTE]

— É. Puisque certains Genres acceptent de se combiner et d'autres non, leur cas est à peu près le même que celui des lettres : les unes s'accordent, les autres non. — T. C'est juste. — É. Quant aux voyelles, elles diffèrent des autres lettres en ceci qu'elles circulent parmi toutes les lettres comme un agent de liaison, ce qui fait qu'à défaut d'une voyelle il est même impossible que les autres lettres se combinent entre elles. — T. Assurément. — É. Mais est-ce le premier venu qui sait quelles sont celles qui peuvent se combiner, ou a-t-il besoin d'un art, celui qui veut le faire correctement ? — T. Il a besoin d'un art. — É. Lequel ? — T. L'art de savoir lire. — É. N'en va-t-il pas de même en matière de sons aigus et graves ? posséder l'art de reconnaître les sons qui peuvent ou ne peuvent pas se combiner, c'est être musicien ; celui qui n'y entend rien est un profane ? — T. Parfaitement. — É. Et en tous domaines nous trouverons la même différence entre compétence et incompétence ? — T. Naturellement.

— É. Dès lors que nous sommes convenus que les Genres peuvent entrer en de certaines combinaisons entre eux, n'est-il pas nécessaire qu'il dispose d'une science du cheminement discursif celui qui se propose de montrer correctement ceux qui s'accordent entre eux et ceux qui s'excluent mutuellement ; de montrer en particulier s'il en existe qui, les tenant tous ensemble, leur permettent de se combiner entre eux et à l'inverse dans le cas des divisions, s'il y en a d'autres qui sont causes de la division des « touts » ? — T. Comment une science ne serait-elle pas indispensable et peut-être la science suprême ? — É. Comment l'appellerons-nous, Théétète ? Serions-nous tombés sans nous en douter sur la science des hommes libres et nous serait-il arrivé, en cherchant le sophiste, de découvrir d'abord le philosophe ? — T. Que veux-tu dire ? — É. Diviser selon les genres, ne pas prendre la même Forme pour une Forme différente, ni une Forme différente pour la même, ne dirons-nous pas que c'est l'affaire de la science dialectique ? — T. Si. — É. Celui qui en est capable discerne parfaitement une Forme unique qui s'étend tout à travers une multiplicité dont chaque élément se situe à part, et plusieurs Formes, différentes entre elles, enveloppées du dehors par une Forme unique ; également une Forme unique rassemblée en une unité à travers plusieurs « touts », et plusieurs Formes séparées, entièrement différenciées. Être capable de cela, c'est savoir discerner, Genre par Genre, de quelle manière les divers Genres peuvent ou non se combiner. — T. C'est tout à fait cela. — É. Mais ce don dialectique, je pense que tu ne l'accorderas qu'à celui qui poursuit la sagesse en toute justice et pureté. — T. Comment pourrions-nous l'accorder à un autre ?

Sophiste, 252e-253e

9. LES CINQ GENRES MAJEURS

[L'ÉTRANGER-THÉÉTÈTE]

— É. Parmi les genres, ceux que nous venons de passer en revue : l'*être* lui-même, le *repos,* le *mouvement,* sont de très grande importance. — T. Il faut le reconnaître. — É. Et nous soutenons que les deux derniers ne peuvent se mêler l'un à l'autre. — T. Assurément. — É. Tandis que l'être peut se mêler aux deux ; car l'un et l'autre sont. — T. Évidemment. — É. Ainsi chacun d'eux est *différent* des deux autres, et identique à soi-même. — T. Oui. — É. Mais que venons-nous de dire par ces mots : *différent* et *identique ?* Est-ce que ce sont deux genres différents des trois premiers, bien que toujours mêlés nécessairement à eux ? faut-il en compter cinq et non pas trois, ou bien en disant : identique et différent, est-ce que nous n'employons pas un terme qui revient à l'un ou à l'autre de ces trois genres ? — T. Il se peut. — É. Voyons, mouvement-repos, en tout cas, ne revient pas à : différence-identité. — T. Pourquoi pas. — É. Celui que nous attribuerions au mouvement et au repos ne pourrait revenir ni à l'un ni à l'autre. — T. Et pourquoi ? — É. Parce que le mouvement serait mis au repos et que le repos serait mis en mouvement ; car quel que soit celui des deux termes dont on fera un attribut commun de : mouvement et repos, dans les deux cas il contraindra l'un ou l'autre à changer sa nature propre en la nature contraire, en tant que venant ainsi à participer de son contraire. — T. C'est bien certain. — É. Mais tous deux participent de l'identité et de la différence. — T. Oui. — É. Donc il ne faut pas dire qu'identité ou différence revient à mouvement non plus qu'à repos. — T. Non. — É. Maintenant devons-nous penser que l'être et l'identité ne font qu'un ? — T. Peut-être. — É. Mais si « être » et « identité » ne signifient rien de différent, alors, derechef, en disant que mouvement et repos « sont », nous les dirons identiques en tant qu'ils sont. — T. Mais c'est impossible. — É. Donc c'est impossible que l'identité et l'être ne fassent qu'un. — T. Ce n'est guère possible. — É. Ainsi, aux trois Formes précédentes, nous pouvons ajouter l'identité comme quatrième Forme ? — T. Très certainement. — É. Et maintenant faut-il faire de la *différence* le cinquième ? ou faut-il y voir avec l'être deux noms pour un même genre ? — T. Peut-être. — É. Mais je pense que tu conviens que, parmi les êtres, on dit des uns qu'ils sont ce qu'ils sont « en eux-mêmes » des autres, qu'il sont ce qu'ils sont « en relation à d'autres êtres ». — T. Bien sûr. — É. Et ce qui est « différent » est toujours désigné ainsi « relativement à autre chose », n'est-ce pas ? — T. Oui. — É. Or, cela ne serait point si « être » et « différence » n'étaient radicalement distincts. À supposer que la différence participe, comme c'est le cas de l'être, aux deux formes (être en soi et être relativement à autre chose), il arriverait que même parmi les choses qui sont autres, il y en aurait une qui soit autre sans l'être relativement à autre chose. En fait pour nous, il est incontestable que tout ce qui est différent se trouve nécessairement du même coup n'être ce qu'il est que relativement à autre chose. — T. Tu as tout à fait raison. — É. Donc il faut compter la nature de la différence comme étant la cinquième parmi les Formes que nous avons retenues. — T. Oui. — É. Et nous dirons en outre que cette Forme circule parmi toutes les autres ; car chacune est différence du reste, non pas en vertu de sa nature, mais du fait qu'elle participe à la Forme de la différence.

Voici donc ce que nous dirons de ces cinq genres en les reprenant un à un. D'abord du mouvement qu'il est absolument différent du repos. Il n'est pas le repos. Mais le repos *est*, en vertu de sa participation à l'être. Ajoutons : le mouvement est différent de l'identité ; il n'est pas l'identité. Mais, d'autre part, nous avons dit que le mouvement est identique à lui-même parce que tout participe de l'identité. Ainsi le mouvement est identique sans être l'identité, il est à la fois le même et pas le Même, il faut en convenir sans s'irriter. Car en le disant « le même » et « pas le même », nous n'employons pas l'expression au même sens : nous le disons « le même » à raison de sa participation à l'identité dans son rapport à soi ; nous disons qu'il n'est « pas le même » à raison de sa communauté avec la différence, communauté qui le sépare de l'identité et le rend non-identique, mais différent, ce qui cette fois nous autorise à dire qu'il n'est « pas le même »... Le mouvement est différent de la différence, tout comme il était autre que l'identité et le repos. Il est donc en quelque manière non différent et différent selon le raisonnement que nous venons de faire. Ensuite ? est-ce que nous allons dire que le mouvement est différent des trois premiers genres, mais qu'il ne l'est pas du quatrième, alors que nous sommes convenus qu'il y en avait cinq, que nous nous proposions d'examiner ? — T. Comment serait-ce possible, alors qu'il est impossible d'admettre que leur nombre soit inférieur à celui que nous avons trouvé ? — É. Ainsi nous pouvons soutenir sans crainte que le mouvement est différent de l'être ? — T. Sans la moindre crainte. — É. Ainsi, il est clair que réellement le mouvement n'est pas et qu'il est puisqu'il participe à l'être ? — T. Tout à fait clair. — É. Il faut donc qu'il soit possible que le non-être soit, qu'il y ait un être du non-être dans le cas du mouvement et de même que tous les autres genres. Car pour tous, la nature de la différence rend chacun d'eux différent de l'Être et en fait quelque chose qui n'est pas, et c'est en ce sens que nous serons en droit de dire de tous qu'ils ne sont pas, et au contraire, en tant qu'ils participent de l'être, qu'ils sont et que ce sont des êtres.

Sophiste, 254d-256d

10. LES PROCÉDÉS DIALECTIQUES : DIVISION ET RASSEMBLEMENT

[SOCRATE-PHÈDRE]

— S. Il y a deux procédés dont il vaudrait la peine de comprendre scientifiquement la fonction. — P. Quels sont-ils donc ? — S. Ramener, grâce à une vision d'ensemble, à une forme unique ce qui est dispersé de mille manières afin de rendre évident, en le définissant à chaque fois, l'objet sur lequel on voudrait faire porter l'enseignement. Aussi venons-nous de faire au sujet de l'amour : que nous ayons bien ou mal défini ce qu'il est, à tout le moins c'est cette définition qui a permis à notre discours d'être clair et cohérent avec lui-même. — P. Et le second procédé, quel est-il, Socrate ? — S. Il consiste à l'inverse à pouvoir diviser en espèces selon les articulations naturelles, sans se mettre à mutiler aucun morceau comme il arrive au cuisinier qui s'y prend mal pour découper. Ainsi avons-nous procédé avec les deux discours de tout à l'heure : ils ont commencé par concevoir un certain genre commun unique de la démence mentale ; puis tout ainsi que de l'unité du corps naissent deux membres qui portent le même nom, distingués selon la gauche et la droite, de même les deux discours ayant pensé le genre du dérangement mental comme naturellement un en nous, le premier en a découpé la partie gauche, puis n'a cessé de la subdiviser jusqu'à ce qu'il y trouve un amour qualifié de gauche qu'il a vilipendé à bon droit, tandis que le second, nous dirigeant vers la partie droite du délire qui porte le même nom que le précédent, a trouvé et mis en avant un amour divin qu'il a loué comme étant la source de nos plus grands biens. — P. C'est tout à fait vrai. — S. Voilà ce dont pour mon compte je suis épris : de divisions et de rassemblements qui rendent capables de parler et de penser. Et si je crois voir chez quelqu'un d'autre une aptitude naturelle à voir l'un et le multiple, c'est lui l'homme que « je suis à la trace comme un Dieu ». Et cela étant les gens qui sont capables de faire cela — Dieu sait si j'ai raison ou tort de leur donner ce titre — jusqu'à nouvel ordre, je les appelle : *dialecticiens.*

Phèdre, 265d-266c

11. LA DIALECTIQUE, DIVISION EN ESPÈCES ET EMPLOI DU PARADIGME

[L'ÉTRANGER-LE JEUNE SOCRATE]

— É. Nous ne disons pas autre chose que ce qu'il arrive parfois à nombre de raffinés d'énoncer comme une formule savante : la science de la mesure s'applique à tout ce qui devient. Car il est de fait que tout ce qui est méthodique participe en quelque façon de la mesure. Mais faute d'avoir pris l'habitude de diviser selon les espèces, si différentes soient ces sortes de mesure, ils s'empressent de les identifier sous prétexte qu'elles se ressemblent et ils font l'inverse pour d'autres choses, faute de les diviser selon leurs parties. Il faudrait, dès qu'on s'est aperçu qu'une multiplicité possède quelque chose en commun, ne pas la lâcher avant d'y avoir vu toutes les différences qu'elle recèle : juste autant qu'il s'en trouve dans les espèces, puis, à l'inverse, dès que les dissemblances de toutes sortes ont été vues dans les multiplicités, il faudrait être capable de faire cesser l'éblouissement avant d'avoir cerné par l'essence d'un genre toutes les parentés qu'on a pu enclore dans une similitude unique... Cela dit, passons à un autre point, qui, outre l'objet présent de notre enquête, concerne tout entretien dialectique de ce genre. — J. S. De quoi s'agit-il ? — É. Suppose qu'on nous demande : dans les classes où l'on apprend à lire, lorsqu'on interroge un enfant sur les lettres qui composent un mot, est-ce uniquement pour le faire chercher la solution du problème proposé ou bien pour le rendre plus apte à déchiffrer tous les mots qu'il pourra rencontrer ? — J. S. Tous les mots, évidemment. — É. Et nous, notre enquête sur la politique, est-ce que nous l'avons entreprise uniquement pour définir celui-ci ou pour nous rendre meilleurs dialecticiens sur tous les sujets ? — J. S. Ici de même, sur tous les sujets, évidemment. — É. Il est probable qu'aucun homme de bon sens ne se mettrait en quête d'une définition du tissage pour elle-même. Mais il est une chose que la plupart ne voient pas : certaines des réalités présentent des ressemblances naturelles sensibles et faciles à percevoir, qu'il est aisé de mettre en évidence quand on veut montrer facilement l'une d'elles sans se mettre en peine d'en rendre raison à quelqu'un qui en demande la définition ; au contraire, des réalités les plus hautes et qui ont le plus grand prix il n'y a aucune image manifestement créée pour les hommes qu'il suffirait de montrer en la faisant correspondre à une des sensations, quand on veut combler l'âme de celui qui s'informe, pour lui donner satisfaction. Voilà pourquoi il faut s'exercer d'être capable de rendre et d'entendre raison de chaque chose ; car c'est seulement dans la raison et pas autrement que se montrent clairement les réalités plus hautes et les plus belles, et c'est elles que vise tout notre présent propos. Or, en tout domaine, il est plus facile de s'exercer sur les sujets mineurs que sur les sujets majeurs.

Politique, 284e-286b

12. LA DIALECTIQUE, MESURE DES INTERMÉDIAIRES ENTRE L'UN ET L'INFINI

[SOCRATE-PROTARQUE]

— S. Il n'y a et il ne saurait y avoir de plus belle route que celle dont je n'ai jamais cessé d'être épris, encore qu'elle m'ait souvent échappé et laissé seul dans l'embarras. — P. Quelle est-elle ? dis seulement. — S. Il est très aisé de l'indiquer, mais bien difficile de la suivre ; car tout ce que l'art a jamais inventé, c'est par cette voie qu'il l'a mis à jour. Suis-moi bien. — P. Dis seulement. — S. De toute évidence, à mes yeux du moins, ce sont les dieux qui en ont fait don aux hommes, à qui il fut lancé du ciel par quelque Prométhée en même temps que le feu le plus lumineux, et ce sont les Anciens, plus forts que nous et vivant plus près des dieux, qui nous ont transmis cette révélation : tout ce qu'on peut dire exister se compose d'un et de multiple et comporte en soi par nature limite et illimitation. De choses ainsi constituées il faut toujours que nous cherchions la Forme unique, en l'admettant à chaque fois pour toute chose, car nous l'y trouvons présente ; après cette Forme unique, si nous l'appréhendons, il faut en discerner deux, si elles y sont ; sinon, trois ou quelque autre nombre ; puis traiter à son tour chacune de ces unités de la même façon, jusqu'à ce que l'on voit non seulement que cette unité primitive est une et multiple et infinie, mais également combien d'unités elle contient ; mais se garder d'appliquer la Forme de l'infini à la multiplicité, avant d'avoir déterminé le nombre total de cette infinité, intermédiaire entre l'infinité et l'unité, et alors seulement laisser chacune des unités de ces « touts » se perdre dans l'infini. Voilà comment les dieux, comme je l'ai dit, nous ont permis de chercher, d'apprendre et de nous instruire les uns les autres. Or les doctes d'aujourd'hui font l'un à l'aveuglette et le multiple plus vite ou plus lentement qu'il ne faudrait : passant immédiatement de l'un à l'infini, ils négligent les intermédiaires alors que c'est ce qui distingue, dans les discussions que nous avons entre nous, la manière dialectique de la manière éristique. — P. Dans ce que tu viens de dire, Socrate, il y a des choses que je crois comprendre, d'autres sur lesquelles j'ai encore besoin d'éclaircissements.

— S. Ce que je veux dire, Protarque, apparaît clairement dans les caractères de l'écriture ; saisis-le sur les lettres qu'on t'enseigna dans ton enfance. — P. Comment cela ? — S. Le son qui est émis par la bouche est unique, mais d'un autre côté, articulé par chacun et par tous, il est infiniment multiple. — P. Assurément. — S. Mais ni l'une ni l'autre de ces deux choses ne suffit encore à nous rendre savants : savoir qu'il est infini et savoir qu'il est un. Mais savoir combien il y a de sons vocaux et quels ils sont, voilà ce qui nous met à même de savoir lire. — P. C'est très vrai. — S. Et c'est bien la même chose qui fait que chacun de nous sait la musique. — P. Comment ? — S. En musique éga1ement, le son est un. — P. Assurément. — S. Mais en tant qu'il est grave et aigu, il faut admettre qu'il est deux, et même trois en tenant compte de ce qu'il résonne avec une force égale, n'est-ce pas ? — P. Oui. — S. Si tu ne savais que cela, tu ne serais pas encore pour autant savant en musique, et pourtant tu y serais nul, si je puis dire, si tu ne le savais pas. — P. En effet. — S. Mais quand tu sauras le nombre exact d'intervalles qu'il y a dans le son, grave et aigu, quels ils sont, quelles sont leurs limites et quelles combinaisons en résultent — c'est ce que nos devanciers ont reconnu et qu'il nous ont transmis sous le nom d'accords, ainsi que d'autres propriétés de ce genre qui s'attachent aux mouvements du corps, qu'il faut mesurer par des nombres et appeler : rythmes et mesures, disent-ils, sans perdre de vue que c'est ainsi qu'il convient de procéder à l'examen de toute unité et de toute multiplicité — quand tu auras saisi cela, dis-je, alors tu seras devenu savant, et quand tu auras traité de cette manière une unité dans un domaine quelconque, alors tu en auras l'intelligence ; c'est la multiplicité infinie des individus et la multiplicité infinie que contient chacun des individus qui à chaque fois t'exclura de cette intelligence et fait que tu ne comptes pas, du fait qu'en aucun cas tu n'as regardé au nombre... Ainsi, de même, avons-nous dit, que lorsque nous prenons une unité quelconque, ce n'est pas sur la nature de l'infini qu'il faut aussitôt porter le regard, mais bien sur un nombre déterminé, de même, à l'inverse, quand il nous faut commencer par l'infini, il ne faut pas se précipiter sur l'un, mais déterminer un nombre, dont chacun a une quantité déterminée, et n'atteindre finalement l'un qu'à partir de toutes ces quantités. Revenons aux lettres pour comprendre ce que nous venons de dire. — P. Comment ? — S. Dès qu'il eut conçu la multiplicité infinie de la voix, le dieu ou l'homme divin (Teuth est cité par la tradition en Égypte) fut le premier à se rendre compte que, dans cette infinité, les voyelles constituent non pas une unité, mais une multiplicité ; puis que d'autres émissions participent non du son, mais du bruit, et qu'elles forment également un nombre déterminé ; enfin, il en distingue une troisième espèce que nous appelons aujourd'hui les muettes ; après quoi il divisa une à une la classe de celles qui n'ont ni bruit ni son, puis de la même façon les voyelles et les intermédiaires, enfin il détermina leur nombre et donna à chacune d'elles et à toutes ensemble le nom de lettres et s'apercevant que nul d'entre nous ne pourrait sans la totalité de ces lettres en apprendre une en elle-même et pour elle-même, concluant que ce lien était une unité et conférait en quelque manière l'unité à tous ces éléments, il proclama qu'ils étaient l'objet d'un art unique qu'il appela : art de lire et d'écrire.

Philèbe, 16b-18d

INDEX

CHRONOLOGIE *

* Établie par Luc Brisson et Monique Canto.

Socrate	Platon	Evénements politiques et militaires
		750-580 : Colonisation grecque notamment en Sicile.
		508 : Réformes démocratiques à Athènes.
		499-494 : Révolte de l'Ionie contre les Perses. Athènes envoie des secours.
		490-479 : Guerres Médiques.
		4 90 : Bataille de Marathon.
		480 : Bataille des Thermopyles.
		480 : Victoire de Salamine.
		Victoire des Grecs de Sicile sur les Carthaginois à Himère.
		478-477 : Formation de la Confédération de Délos. Elle durera jusqu'en 404.
470 : Naissance de Socrate, dix ans après la bataille de Salamine.		
		459 : Guerre de Corinthe contre Athènes.
		449/448 : Paix dite « de Callias » entre Athènes et Corinthe.
		447 : Bataille de Coronée.

Socrate	Platon	Evénements politiques et militaires
		446 : Paix dite « de Trente Ans », qui durera quinze ans (446-431).
441-429 : Socrate semble avoir des liens avec l'entourage de Périclès (avec Aspasie, Alcibiade, Axiochos, Callias).		
		435 : Guerre de Corinthe contre Corcyre et alliance de Corcyre et d'Athènes.
		432 : Révolte de Potidée (432-429).
		431-404 : Guerre du Péloponnèse.
430 : Hoplite à Samos.		**430-426** : Peste à Athènes.
429 : Socrate sauve la vie d'Alcibiade à la bataille de Potidée.		**429** : Mort de Périclès et rivalité entre Cléon (pacifiste) et Nicias (belliciste). Capitulation de Potidée.
	428/427 : Naissance de Platon.	**428/427** : Révolte de Mytilène.
423 : Les *Nuées* d'Aristophane. À un âge mûr, Socrate se marie avec Xanthippe dont il aura trois fils.		**421** : Nicias négocie la paix dite « de Nicias ».
		415-413 : Expédition de Sicile sous le commandement de Nicias, de Lamachos et d'Alcibiade. La mutilation des Hermès.
414 : Socrate sauve la vie de Xénophon à la bataille de Délium.		**414** : Trahison d'Alcibiade, qui gagne Sparte.
		412 : Révolte de l'Ionie et alliance entre Sparte et la Perse.
		411 : Révolution des « Quatre Cents » puis des « Cinq Mille ».
		410 : La démocratie est rétablie à Athènes.
		407 : Retour d'Alcibiade à Athènes.
406/405 : Socrate, président du Conseil. Le procès des Arginuses.		**406** : Défaite d'Alcibiade à la bataille de Colophon.
		405 : Denys Ier, tyran de Syracuse.

Socrate	Platon	Evénements politiques et militaires
404 : Socrate refuse d'obéir aux Trente et d'arrêter Léon de Salamine.		**404** : Lysandre impose la paix à Athènes et institue les « Trente Tyrans ». **403** : La démocratie est rétablie à Athènes.
399 : Socrate est accusé d'impiété, de corruption de la jeunesse et de pratique de religions nouvelles, par Anytos, chef de la démocratie restaurée par la révolution de 403. Il est condamné à mort par 280 voix contre 220. Il attend un mois le retour du bateau sacré de Délos avant de boire la ciguë.	**399-390** : Platon rédige le *Petit Hippias,* l'*Ion,* le *Lachès,* le *Charmide,* le *Protagoras* et l'*Euthyphron.*	
		395-394 : Sparte assiège Corinthe.
	394 : Peut-être Platon prit-il part à la bataille de Corinthe. **390-385** : Platon rédige le *Gorgias*, le *Ménon,* l'*Apologie de Socrate,* le *Criton,* l'*Euthydème,* le *Lysis,* le *Ménexène* et le *Cratyle.* **388-387** : Voyage de Platon en Italie du Sud où il rencontre Archytas, et à Syracuse, où règne Denys Ier. **387** : Retour de Platon à Athènes, où il fonde l'Académie.	
		386 : Paix dite « du Roi » ou « d'Antalcidas ».
	385-370 : Platon rédige le *Phédon,* le *Banquet,* la *République* et le *Phèdre.*	
		382 : Guerre de Sparte contre Athènes. **378** : Guerre d'Athènes-Thèbes contre Sparte. **376** : Athènes est maîtresse de la mer Égée. La ligue béotienne est reconstituée. **375** : Flotte d'Athènes dans la mer Ionienne.

Socrate	Platon	Evénements politiques et militaires
		371 : Thèbes bat Sparte à Leuctres : fin de la suprématie militaire de Sparte.
	370-347/6 : Platon rédige le *Théétète*, le *Parménide*, le *Sophiste*, le *Politique*, le *Timée*, le *Critias* et le *Philèbe*.	
	367-366 : Platon vient à Syracuse pour exercer, à la demande de Dion, une influence sur Denys II qui a succédé à son père. Dion est exilé.	367 : Mort de Denys Ier. Denys II, tyran de Syracuse.
	361-360 : Dernier séjour à Syracuse.	
	360 : Platon rencontre Dion qui assiste aux jeux Olympiques. L'exilé lui fait part de son intention d'organiser une expédition contre Denys II.	
		359 : Philippe II, roi de Macédoine, père d'Alexandre le Grand (359-336).
		357 : Guerre des alliés (357-346) et chute de Denys II. Départ de l'expédition de Dion contre Denys II.
		354 : Assassinat de Dion.
	347/6 : Platon meurt. Il est en train d'écrire les *Lois*.	
		344-337/6 : Timoléon en Sicile.
		338 : Bataille de Chéronée.
		336 : Philippe assassiné. Alexandre le Grand, roi de Macédoine (336-323).

N.B. : En Grèce ancienne, on comptait les années comme années d'Olympiades. Or les jeux Olympiques avaient lieu au mois d'août. D'où le chevauchement de l'année grecque sur deux de nos années civiles, qui commencent début janvier.

Par ailleurs, la périodisation des œuvres de Platon que nous proposons n'est qu'approximative : rien n'assure que l'ordre de la composition des dialogues correspond à l'ordre dans lequel nous les citons à l'intérieur d'une même période.

TABLE

LA PHILOSOPHIE DANS LA GF

LA PHILOSOPHIE DANS LA GF-FLAMMARION

ANSELME DE CANTORBERY
Proslogion (717)

ARISTOTE
Éthique de Nicomaque (43). Les Politiques (490). De l'âme (711).

AUGUSTIN (SAINT)
Les Confessions (21).

BECCARIA
Des délits et des peines (633).

BERKELEY
Principes de la connaissance humaine (637).

BICHAT
Réflexions sur la vie et la mort (première partie) et autres textes (808).

CONDORCET
Esquisse d'un tableau historique des progrès de l'esprit humain (484). Cinq mémoires sur l'instruction publique (783).

CONFUCIUS
Entretiens (799).

CONSTANT
De l'esprit de conquête et de l'usurpation dans leurs rapports avec la civilisation européenne (456).

CUVIER
Recherches sur les ossements fossiles de quadrupèdes (631).

DARWIN
L'Origine des espèces (685).

DESCARTES
Discours de la méthode (109). Correspondance avec Élisabeth et autres lettres (513). Méditations métaphysiques (328).

DIDEROT
Entretien entre d'Alembert et Diderot. Le Rêve de d'Alembert. Suite de l'entretien (53). Supplément au voyage de Bougainville. Pensées philosophiques. Addition aux pensées philosophiques. Lettre sur les aveugles. Additions à la Lettre sur les aveugles (252).

DIDEROT/D'ALEMBERT
Encyclopédie (426 et 448).

DIOGÈNE LAËRCE
Vie, doctrines et sentences des philosophes illustres (56 et 77).

ECKHART (MAÎTRE)
Traités et sermons (703).

ÉPICTÈTE
Manuel (16).

ÉRASME
Éloge de la folie (36).

GRADUS PHILOSOPHIQUE (773)

HOBBES
Le Citoyen (385).

HUME
Enquête sur l'entendement humain (343). Enquête sur les principes de la morale (654). Les Passions. Traité de la nature humaine, livre II. Dissertation sur les passions (557). La Morale. Traité de la nature humaine, livre III (702). L'Entendement. Traité de la nature humaine, livre I (701).

KANT
Anthropologie (665). Critique de la raison pure (257). Essai sur les maladies de la tête. Observations sur le sentiment du Beau et du Sublime (571). Opuscules sur l'histoire (522). Vers la paix perpétuelle. Qu'est-ce que les Lumières ? Que signifie s'orienter dans la pensée ? (573). Métaphysique des mœurs. I. Fondation. Introduction (715). II. Doctrine du droit. Doctrine de la vertu (716). Théorie et pratique (689).

KIERKEGAARD
La Reprise (512).

LA BOÉTIE
Discours de la servitude volontaire (394).

LA ROCHEFOUCAULD
Maximes et réflexions diverses (288).

LEIBNIZ
Nouveaux essais sur l'entendement humain (582). Essais de théodicée (209).

LOCKE
Traité du gouvernement civil (408). Lettre sur la tolérance et autres textes (686).

LUCRÈCE
De la nature (30).

MACHIAVEL
Le Prince (317). L'Art de la guerre (615).

MALEBRANCHE
Traité de morale (837).

MALTHUS
Essai sur le principe de population (708 et 722).

MARC AURÈLE
Pensées pour moi-même suivies du Manuel d'Épictète (16).

MONTAIGNE
Essais (210, 211, 212).

MONTESQUIEU
Lettres persanes (19). Considérations sur les causes de la grandeur des Romains et de leur décadence (186). De l'esprit des lois (325 et 326).

MORE
L'Utopie (460).

NIETZSCHE
Le Crépuscule des idoles. Le Cas Wagner (421). Ecce homo. Nietzsche contre Wagner (572). Seconde Considération intempestive (483). Le Livre du philosophe (660). L'Antéchrist (753).

PASCAL
Pensées (266). Préface au Traité du vide. De l'esprit géométrique et autres textes (436).

PENSEURS GRECS AVANT SOCRATE (31).

PLATON
Le Banquet-Phèdre (4). Apologie de Socrate. Criton. Phédon (75). Protagoras. Euthydème. Gorgias. Ménexène-Ménon. Cratyle (146). Premiers Dialogues (129). République (90). Sophiste. Politique. Philèbe. Timée. Critias (203). Théétète. Parménide (163). Gorgias (465). Phèdre (488). Lettres (466). Ion (529). Euthydème (492). Phédon (489). Ménon (491). Timée. Critias (618). Sophiste (687). Théétète (493). Parménide (688). Platon par lui-même (785).

QUESNAY
Physiocratie (655).

RICARDO
Principes de l'économie politique et de l'impôt (663).

ROUSSEAU
Discours sur l'origine et les fondements de l'inégalité parmi les hommes. Discours sur les sciences et les arts (243). Du contrat social (94). Émile ou de l'éducation (117). Essai sur l'origine des langues et autres textes sur la musique (682). Lettre à M. d'Alembert sur son article Genève (160). Considérations sur le gouvernement de Pologne. L'Économie politique. Projet de constitution pour la Corse (574).

SÉNÈQUE
Lettres à Lucilius (1-29) (599).

SMITH
La Richesse des nations (598 et 626).

SPINOZA
Œuvres. I- Court traité. Traité de la réforme de l'entendement. Principes de la philosophie de Descartes. Pensées métaphysiques (34). II- Traité théologico-politique (50). III- Éthique (57). IV- Traité politique. Lettres (108).

THOMAS D'AQUIN
Contre Averroès (713).

TOCQUEVILLE
De la démocratie en Amérique (353 et 354). L'Ancien Régime et la Révolution (500).

VICO
De l'antique sagesse de l'Italie (742).

VOLTAIRE
Lettres philosophiques (15). Dictionnaire philosophique (28). Traité sur la tolérance (552).

DERNIÈRES PUBLICATIONS

ANSELME DE CANTORBERY
Proslogion (717).

ARISTOTE
De l'âme (711).

ASTURIAS
Une certaine mulâtresse (676).

BALZAC
Un début dans la vie (613). Le Colonel Chabert (734). La Recherche de l'absolu (755). Le Cousin Pons (779).

BARBEY D'AUREVILLY
Un prêtre marié (740).

BECCARIA
Des Délits et des peines (633).

CALDERON
La Vie est un songe (693).

CHATEAUBRIAND
Vie de Rancé (667).

CHRÉTIEN DE TROYES
Le Chevalier au lion (569). Lancelot ou le chevalier à la charrette (556).

CONDORCET
Cinq mémoires sur l'instruction publique (783).

CONFUCIUS
Entretiens (799).

COUDRETTE
Le Roman de Mélusine (671).

CREBILLON
La Nuit et le moment (736).

CUVIER
Recherches sur les ossements fossiles de quadrupèdes (631).

DA PONTE
Don Juan (939). Les Noces de Figaro (941). Cosi fan tutte (942).

DANTE
L'Enfer (725). Le Purgatoire (724). Le Paradis (726).

DARWIN
L'Origine des espèces (685).

DOSTOÏEVSKI
L'Eternel Mari (610). Notes d'un souterrain (683).

DUMAS
Les Bords du Rhin (592). La Reine Margot (798).

ECKHART
Traités et Sermons (703).

FITZGERALD
Absolution. Premier mai. Retour à Babylone (695).

GENEVOIX
Rémi des Rauches (745).

GOETHE
Les Affinités électives (673).

GRADUS PHILOSOPHIQUE (773).

HAWTHORNE
Le Manteau de Lady Eléonore et autres contes (681).

HUME
Enquête sur les principes de la morale (654). Les Passions. Traité sur la nature humaine, livre II - Dissertation sur les passions (557). La Morale. Traité de la nature humaine, livre III (702).

JAMES
Histoires de fantômes (697).

JEAN DE LA CROIX
Poésies (719).

KAFKA
Dans la colonie pénitentiaire et autres nouvelles (564). Un Jeûneur (730).

KANT
Vers la paix perpétuelle. Que signifie s'orienter dans la pensée. Qu'est-ce que les Lumières ? (573). Anthropologie (665). Métaphysique des mœurs (715 et 716). Théorie et pratique (689).

KIPLING
Le Premier Livre de la jungle (747). Le Second Livre de la jungle (748).

LAMARCK
Philosophie zoologique (707).

LEIBNIZ
Système de la nature et de la communication des substances (774).

LOCKE
Lettre sur la tolérance et autres textes (686).

LOPE DE VEGA
Fuente Ovejuna (698).

MALAPARTE
Sang (678).

MALTHUS
Essai sur le principe de population (708 et 722).

MARIVAUX
Les Acteurs de bonne foi. La Dispute. L'Epreuve (166). La Fausse Suivante. L'Ecole des mères. La Mère confidente (612).

MAUPASSANT
Notre cœur (650). Boule de suif (584). Pierre et Jean (627). Bel-Ami (737). Une vie (738).

MUSSET
Confession d'un enfant du siècle (769).

NERVAL
Les Chimères - Les Filles du feu (782).

NOVALIS
Henri d'Ofterdingen (621).

NIETZSCHE
Le Livre du philosophe (660). Ecce homo – Nietzsche contre Wagner (572). L'Antéchrist (753).

PÉREZ GALDOS
Tristana (692).

PLATON
Ménon (491). Phédon (489). Timée-Critias (618). Sophiste (687). Théétète (493).

PLAUTE
Théâtre (600).

PREVOST
Histoire d'une grecque moderne (612).

QUESNAY
Physiocratie (655).

RABELAIS
Gargantua (751). Pantagruel (752). Tiers Livre (767). Quart Livre (766).

RICARDO
Des principes de l'économie politique et de l'impôt (663).

ROUSSEAU
Essai sur l'origine des langues et autres textes sur la musique (682).

SHAKESPEARE
Henry V (658). La Tempête (668). Beaucoup de bruit pour rien (670). Roméo et Juliette (669). La Mégère apprivoisée (743). Macbeth (771). La Nuit des rois (756).

STEVENSON
L'Ile au Trésor (593). Voyage avec un âne dans les Cévennes (601). Le Creux de la vague (679). Le Cas étrange du Dr Jekyll et Mr Hyde (625).

STRINDBERG
Tschandala (575). Au bord de la vaste mer (677).

TCHEKHOV
La Steppe (714).

TÉRENCE
Théâtre (609).

THOMAS D'AQUIN
Contre Averroès (713).

TITE-LIVE
La Seconde Guerre Punique I (746). La Seconde Guerre Punique II (940).

TOLSTOÏ
Maître et serviteur (606).

TWAIN
Huckleberry Finn (700).

VICO
De l'antique sagesse de l'Italie (742).

VILLIERS DE L'ISLE-ADAM
L'Eve future (704).

VILLON
Poésies (741).

VOLTAIRE
Candide, Zadig, Mécromégas (811).

WAGNER
La Walkyrie (816). L'Or du Rhin (817). Le Crépuscule des dieux (823). Siegfried (824).

WHARTON
Vieux New-York (614). Fièvre romaine (818).

WILDE
Salomé (649).

GF – TEXTE INTÉGRAL – GF

94/11/M5336-XI-1994 – Impr. MAURY Eurolivres SA, 45300 Manchecourt.
N° d'édition 15634. – janvier 1995. – Printed in France.